Elke Homburg

Weserbergland

Radeln für die Seele

15 Wohlfühltouren

AF633986

Droste Verlag

ALLE RADTOUREN AUF EINEN BLICK

TOUR 1: RATTENFÄNGERRUNDE 9
Um Hamelns Hausberg Klüt
40,9 km | 290 Hm | 2,5 Std. | Rundtour

TOUR 2: KLÖSTERLICH 21
Von Rinteln nach Fischbeck
55,8 km | 180 Hm | 3,5 Std. | Rundtour

TOUR 3: WALD & WASSER 33
Durch den Solling
48,7 km | 420 Hm | 3 Std. | Rundtour

TOUR 4: MEER & MOOR 45
Zum Steinhuder Meer
45,4 km | 220 Hm | 3 Std. | Rundtour

TOUR 5: LANDPARTIE 57
Durchs Schaumburger Land
28,5 km | 150 Hm | 1,5 Std. | Rundtour

TOUR 6: MÄRCHENHAFT! 67
Von Polle nach Bodenwerder
39,3 km | 230 Hm | 2,5–3 Std. | Rundtour

TOUR 7: IM BURGENLAND 79
Von Karlshafen nach Trendelburg
35 km | 490 Hm | 2,5 Std. | Rundtour

TOUR 8: DREI-LÄNDER-TOUR 93
Von Höxter nach Bad Karlshafen
47 km | 40 Hm | 3 Std. | Rundtour

TOUR 9: KAISERLICH! 107
Von Minden zur Porta Westfalica
46,3 km | 380 Hm | 3,5 Std. | Rundtour

TOUR 10: RITTERLICH! 121
Von Bad Eilsen zur Schaumburg
31,7 km | 340 Hm | 2,5 Std. | Rundtour

TOUR 11: WESERKULTUR 133
Zwischen Höxter und Holzminden
36,4 km | 100 Hm | 2,5 Std. | Rundtour

TOUR 12: SALZ & BURGEN 147
Rund um Einbeck
27,9 km | 130 Hm | 2 Std. | Rundtour

TOUR 13: WESERKUSS 159
Von Hann. Münden durchs Wesertal
43,1 km | 300 Hm | 2,5 Std. | Rundtour

TOUR 14: KUR & KULTUR 171
Von Bad Pyrmont durchs Emmertal
48 km | 340 Hm | 3,5 Std. | Rundtour

TOUR 15: LANDIDYLLE AM ITH 183
Runde ab Coppenbrügge
22,4 km | 280 Hm | 1,5 Std. | Rundtour

Schloss Bückeburg

Weser bei Porta Westfalica

Liebe Radelfreunde,

keine Frage: Das Weserbergland, das sich auf die drei Bundesländer Nordrhein-Westfalen, Niedersachsen und Hessen verteilt, ist eine der großen Kulturlandschaften Deutschlands. Faszinierend, wie viele Burgruinen, Schlösser und Klöster sich im Herzland der Weser zwischen Hann. Münden und Porta Westfalica aneinanderreihen! Und neben Perlen der Weserrenaissance finden sich bildhübsche kleine Fachwerkstädte voller Geschichte und voller Charme. Naturschönheiten gibt es zwischen Weserufer und Mittelgebirgen sowieso im Überfluss.

Der Weserradweg erfreut sich schon lange großer Beliebtheit bei Radlern. Manche der Touren in diesem Buch folgen ihm ganz oder teilweise. Andere führen durch das Hinterland der Weser – durch den Naturpark Solling-Vogler oder rund um den Ith beispielsweise – und zeigen andere Aspekte der Region: Stille Mittelgebirgsregionen, wo Radler auch zur Hauptreisezeit garantiert nicht im Stau stehen und wo viele versteckte kleine Schätze warten. Sicher ist: Urlauber auf zwei Rädern sind überall willkommen und die meisten Ausgangspunkte der Touren sind auch mit der Bahn erreichbar.

Und zum Schluss: Die Gastronomie entlang der Weser ist im Fluss. Wer bei der Einkehr auf Nummer sicher gehen will, fragt telefonisch nach den aktuellen Öffnungszeiten oder packt vorsichtshalber eine Brotzeit in den Rucksack.

Ich wünsche Ihnen viel Spaß beim Radeln und Entdecken!

Ihre Elke Homburg

NATUR-INFO

KULTUR-INFO

TOUREN-/EVENT-INFO

GENUSS-INFO

- 40,9 Kilometer
- 290 Höhenmeter
- 2,5 Stunden
- Rundtour

Der Rattenfänger
von Hameln

Rattenfängerrunde

Um Hamelns Hausberg Klüt

Die entspannte Runde, in der das bäuerliche Weserbergland auf Schmuckstücke der Weserrenaissance trifft, führt rund um Hamelns Hausberg Klüt. Unterwegs lockt eine Auszeit mit Stil im Schlossgarten und zum Finale erwartet uns die Rattenfängerstadt Hameln mit Historienflair in der bildhübschen Altstadt.

Ausgangspunkt ist der Bahnhof von Hameln, wo Autofahrer im Parkhaus nebenan parken können. Im ersten Kreisverkehr geht es gleich geradeaus in Richtung Hochschule Weserbergland. An der nächsten größeren Kreuzung halten wir uns Richtung Altstadt und Dampferanlegestelle. Die Hochschule lassen wir links liegen und erreichen schnell den Schiffsanleger an der Weser, wo die Ausflugsschiffe ablegen. Weiter geht es rechts auf der **Weserpromenade** vorbei an der **Insel Werder.** Die **Werderbrücke** ❶ führt auf die Weserinsel – eine Fußgängerbrücke, auf der eine goldene Ratte hockt. Sie erinnert natürlich an die Sage vom Rattenfänger, die auf immer und ewig mit der Stadt Hameln verknüpft ist. Er soll nicht nur sämtliche lästigen Nager in die Weser getrieben, sondern 1284 auch alle Kinder der Stadt entführt haben, als man ihm den versprochenen Lohn vorenthielt. Die Jungen und Mädchen wurden nie wieder gesehen. Ein

Blick auf die Insel Werder

Racheakt der besonderen Art, der Hameln weltberühmt machte. Auf der Insel liegt der **Biergarten Die Insel ❷,** der nach der Rückkehr zu kleinen Gerichten und kühlen Drinks einlädt.

Wir überqueren die Weser auf der **Thiewallbrücke,** biegen rechts ab und radeln auf der Uferstraße am Campingplatz an der Weser vorbei. Nun kehren wir der Weser zunächst den Rücken zu und radeln links über die Blumenstraße zur Breslauer Straße. Dort fahren wir links, biegen aber gleich wieder rechts ab auf den Rennacker, dem wir in **Richtung Halvestorf** folgen. Unterwegs sind wir auf einem Radweg quer durch Wiesen und Felder mit Blick auf den Hamelner Hausberg Klüt, den wir umrunden wollen. Wenn wir die Helpenser Landstraße erreichen, geht es erneut nach rechts und bald taucht wieder die Weser zu unserer Rechten auf. Wir folgen weiterhin den Hinweisschildern nach Halvestorf und radeln sanft bergauf, um bald wieder bergab zu rollen. Ringsum Bauernland, das im Frühjahr rapsgelb und eine Augenweide ist. Wir passieren **Gut Helpensen,** das bereits 1237 erstmals

Blühende Rapsfelder

Für die Seele

Kontrapunkte zu stillen Landschaften sind ein feudales Schloss mit traumhaftem Garten und feiner Küche sowie die quirlige Rattenfängerstadt Hameln.

Fachwerk

erwähnt wurde, und biegen links in die Hoper Straße in Richtung Halvestorf ab.

Halvestorf ❸ ist ein hübsches Dorf mit alten Bäumen und Bauernhäusern aus Fachwerk und roten Ziegeln. Nach dem Durchqueren des Ortes biegen wir in die Straße Klein Weidehohl ein und nehmen dann den zweiten Abzweig nach rechts. Mit Blick auf die sanft gewellten Höhenzüge am Horizont gleiten wir entspannt dahin. Sogar die Schaumburg können wir in der Ferne erspähen. Auf der wenig befahrenen Landstraße geht es weiter durch **Wördeholz** und dann auf der Wördeholzerstraße zur Dehmkerbrocker Straße, der wir nach links bis zur Ortschaft Multhöpen folgen. Wir rollen durch idyllische Dörfer und durch das im Frühjahr rapsgelbe Land, vorbei an vielen Pferdehöfen. Eine Landschaft zum Entspannen und zur Ruhe kommen. Der Alltagesstress ist hier ganz weit entfernt.

In **Multhöpen** zweigen wir rechts in den Buschweg ab, der in den Halbmeierweg mündet, und lassen uns zur Hauptstraße hinunterrollen. Dort machen wir einen Schlenker nach rechts, der uns zur Ortschaft Grupenhagen führt. Wir bewundern die wunderschönen Bauernhäuser und folgen nach Lust und Laune dem Schild zum **Hofcafé ④,** das mit eigener Vollkornbäckerei lockt. Wegen wechselnder Öffnungszeiten sollte man jedoch am besten vorher anrufen. Dann geht es zurück in die Richtung, aus der wir gekommen sind,

Unterwegs

Rittergut Schwöbber

dem Hinweis nach Aerzen folgend. Nach einer Weile biegen wir rechts zum **Rittergut Schwöbber** ⑤ ab.

Was für eine Pracht! Das einstige Rittergut ist ein Schmuckstück der Weserrenaissance mit langer Geschichte. Hilmar von Münchhausen ließ 1570 das Gut Schwöbber zu einem Schloss umbauen, das schon damals zu den feinen Adressen zählte. Zar Peter der Große, erzählt man, interessierte sich hier vor rund 300 Jahren für die damals größte Pflanzensammlung Europas. In der Orangerie reiften exotische Früchte wie die Ananas, der man in Schloss und Park heute auf Schritt und Tritt begegnet – zum Beispiel auf der Münchhausentorte im Café. Bis 1920 war das Schloss im Besitz der Familie des „Lügenbarons" Münchhausen. Seit 2004 erstrahlt es als Luxushotel in neuem Glanz. Eine stilvolle Bleibe mit herrlichem Garten, die auch eine beliebte Hochzeitslocation ist.

*Das **Schlosshotel Münchhausen** verwöhnt seine Gäste im Restaurant mit feiner Küche. In der Bar serviert man kleine Gerichte und ab 14.30 Uhr Kaffee und Kuchen – auch auf der Sonnenterrasse.*

Lust auf einen stilvollen Lunch oder Kaffee und Kuchen im schicken Schlossambiente? Dann unbedingt eine Einkehr in der **Schwöbbar** 6 einplanen. Der Clou: Restaurantgäste dürfen im hinteren Teil des Schlossparks flanieren, der von außen nicht einsehbar ist. 1750 verwandelte sich der Park in einen der ersten englischen Landschaftsgärten in Deutschland – Schwöbben war auch in punkto Gartenarchitektur Trendsetter. Heute wie damals ist der **Schlosspark** ein Ort der Ruhe und Entspannung mit alten Bäumen, von denen man viele im Weserbergland nicht vermuten würde. Tulpenbaum, Fächerblattbaum, Silberahorn, Hemlocktanne, Urweltmammutbaum und Sumpfzypresse gehören zu den Stars der Botanik, die jedem Gartenfreund ein Lächeln ins Gesicht zaubern.

Wir lassen nach der genussvollen Pause Schloss und Golfplatz links liegen und fahren auf einem Wirtschaftsweg in Richtung Aerzen. Wo wir auf eine Kreuzung stoßen, biegen wir rechts auf die Aerzener Straße nach Aerzen ein. Im netten kleinen Ort können wir einen Blick in den Innenhof der **Burg Aerzen** 7 aus dem 17. Jahrhundert werfen.

Auch die Marienkirche, die im 12. Jahrhundert erbaut, aber im Laufe der Jahrhunderte vielfach verändert wurde, ist einen Besuch wert. Auf demselben Weg, auf dem wir gekommen sind, geht es wieder zurück. Allerdings halten wir uns bei einer Verzweigung rechts und sind nun auf dem Weser-Elbe-Radweg unterwegs, der sich über 230 Kilometer vom niedersächsischen Otterndorf über Beverstedt nach Bremen erstreckt. Bei **Groß Berkel** biegen wir rechts in den Koppelweg ab und am zweiten Abzweig nach links auf eine ehemalige Bahntrasse. Schnurgerade zieht sich der Weg zwischen den Feldern hindurch. Klein Berkel durchqueren wir auf der Talstraße. Bevor wir wieder die Weser erreichen, können wir einen Abstecher zum **Ohrbergpark** 8 machen, einem Landschaftspark im

***Burg Aerzen** wurde urkundlich erstmals 1293 erwähnt, wechselte im Laufe der Jahrhunderte mehrfach den Besitzer und wurde nach Zerstörungen im Dreißigjährigen Krieg neu erbaut. Heute wird sie als Kulturzentrum vielfältig genutzt.*

Weserbrücke

Fachwerk in Hameln

englischen Stil mit herrlichem Weserblick. Wer im Juni unterwegs ist, darf sich an der Rhododendronblüte erfreuen.

Ohne Abstecher auf den **Klüt** (259 Meter) erreichen wir bald wieder die Weser. Wer am Ende der Route Zeit und Kraft übrig hat, kann Hamelns Hausberg noch erradeln. Die Straße nach oben zweigt vor der Münsterbrücke ab. Oben angelangt, sorgen zwei Gasthäuser für Stärkung und der Blick vom **Klütturm** auf die Rattenfängerstadt und das Wesertal entschädigt für den heftigen Anstieg.

Ohne Abstecher geht es geradewegs über die Münsterbrücke zurück in die Altstadt von **Hameln,** wo kleine Metallplatten mit Rattenmotiv auf den Pflastersteinen den Weg zu den wichtigsten Rattenfängerstationen weisen. Die **Osterstraße** ist das Herz der Altstadt mit prächtigen Fachwerk-Renaissancehäusern – eines schöner als das andere. Im **Museum Hameln im Leisthaus** 9 können wir dem mechanischen Rattenfängertheater zuschauen und sind nach der Vorstellung ganz sicher Spezialisten für das Thema Rattenfang. Natürlich darf auch ein Abstecher zum **Rattenfängerhaus** 10 nicht fehlen, wo eine Inschrift im Holzbalken vom Auszug der Kinder im Gefolge des Rattenfängers erzählt. Eine weitere Fotoschönheit ist das **Hochzeitshaus** 11 am Markt mit seinen Ornamenten und Giebeln, und auch hier ist die Sage vom Rattenfänger allgegenwärtig.

Nach der Besichtigungsrunde lockt die Einkehr in eines der historischen Gasthäuser Hamelns oder in den Biergarten auf der Insel.

Dreimal täglich ist am Hochzeitshaus ein ***Figurenspiel*** *zu sehen (13.05, 15.35 und 17.35 Uhr). Dann öffnet sich eine Bronzetür und Figuren aus der Rattenfängersage drehen zu Flötenmusik eine Runde. Außerdem ertönt täglich um 9.35 Uhr das Rattenfänger- und um 11.35 Uhr das Weserlied.*

Hochzeitshaus

Hameln
Afferde
Töneböns Teiche
Emmerthal
Emmern
Tündern
Ohr
Ohrberg
Klein Berkel
Wangelist
Klüt
Riepen
Groß Berkel
Waalsen
Selxen
Königsförde
Aerzen
Grupenhagen
Multhöpen
Dehmke
Dehrenberg
Weidehohl
Halvestorf
Herkendorf
Dehmkerbrock
Posteholz
Lüningsberg
Eichberg
Baßberg
Weser
Hamel
Fluthamel
Humme
Beberbach
Wiengrundbach
Helpenser Bach
Ohsener Straße
Talstraße
Dibbetweg
Herkendorfer Straße
Posteholzer Straße
Saakes Kamp
Reinerbecker Straße
L 424
L 433
L 432
K 58
K 29
K 30
K 35
1
83
217

Entspannung ✱✱✱✱✱
Genuss ✱✱✱✱✱
Romantik ✱✱✱✱✱

WIE & WANN:
Überwiegend Rad- und Wirtschaftswege sowie Nebenstraßen mit wenig Autoverkehr. Die eine oder andere Steigung. Beste Zeit: von Frühjahr bis Herbst. Besonders schön zur Zeit der Rapsblüte.

HIN & WEG:
Auto: Parkhaus am Bahnhof Hameln, Kreuzstraße 18, 31785 Hameln (GPS: 52.102017, 9.373439)
ÖPNV: Regional- und S-Bahnen aus Paderborn, Hannover und Minden bis Bf. Hameln

ESSEN & ENTSPANNEN:
Die Insel ❷ Inselstraße 6, 31787 Hameln, Tel. (0 51 55) 34 79 81, www.insel-biergarten-hameln.de
Hofcafé ❹ Schulstraße 11, 31855 Aerzen, Tel. (0 51 54) 17 29, www.vollkornblume.de/hofcafé/
Schwöbbar im Schlosshotel Münchhausen ❻ Schwöbber 9, 31855 Aerzen bei Hameln, Tel. (0 51 54) 7 06 00, www.schlosshotel-muenchhausen.de

ENTDECKEN & ERLEBEN:
Werderbrücke ❶
Halvestorf ❸
Rittergut Schwöbber ❺ Schwöbber 9, 31855 Aerzen bei Hameln
Burg Aerzen ❼ Burgstraße 6, 31855 Aerzen
Ohrbergpark ❽ Am Ohrberg, 31860 Emmerthal
Museum Hameln im Leisthaus ❾ Osterstraße 8-9, 31785 Hameln
Rattenfängerhaus ❿ Osterstraße 23, 31785 Hameln
Hochzeitshaus ⓫ Osterstraße 2, 31785 Hameln

- 55,8 Kilometer
- 180 Höhenmeter
- 3,5 Stunden
- Rundtour

Stift Fischbeck

Klösterlich

Von Rinteln nach Fischbeck

Die Weserstadt Rinteln ist Ausgangspunkt für die etwas längere, aber höchst abwechslungsreiche Tour, die überwiegend flach durch das wunderbare Wesertal führt und Kultur und Natur aufs Schönste vereint. Mit Fischbeck und Möllenbeck liegen gleich zwei Klöster mit viel Geschichte am Wegesrand, die sich auch für eine genussvolle Einkehr anbieten. Wer abkürzen möchte, verzichtet auf den Schlenker nach Möllenbeck und fährt von Großenwieden auf direktem Weg zurück nach Rinteln.

Startpunkt ist der Bahnhof in **Rinteln,** wo es auch reichlich Parkplätze gibt. Hinter dem Großparkplatz geht es geradeaus, am Einkaufszentrum vorbei, in Richtung Steinbergen. Im Kreisverkehr fahren wir in

Auf dem Weserradweg

Richtung Altstadt. Vor uns liegt die Weserbrücke und die Türme von Rinteln grüßen. Für die Weserperle nehmen wir uns später Zeit, jetzt biegen wir links in die Straße **Am Weseranger** ein und radeln am Campingplatz vorbei auf den Weserradweg. Dann einfach mal anhalten und umschauen: Die Türme von Rinteln schmiegen sich in die Weserschleife. Je nach Wetter und Tageszeit tuckern mehr oder weniger Boote vorbei, Kanus gleiten uns entgegen. Eine wunderbare Szenerie.

Weserfähre Großenwieden

Ein paar Kilometer geht es immer an der Weser entlang, bis wir **Engern** erreichen, das wir zuerst auf der Straße Zur Weser, dann auf der Berliner Straße durchqueren. Hinter dem Ortsausgang geht es bald rechts, an der Neelhofsiedlung vorbei. An der Kreuzung dann über eine Brücke immer in Richtung Hessisch Oldendorf (14 Kilometer), dem Symbol des Radwegs folgend. Bald taucht zu unserer Rechten wieder die Weser auf, die sich idyllisch zwischen Wiesen und Rapsfeldern dahinwindet. Auf der anderen Seite der Weserschleife liegt ein Naturjuwel – die **Auenlandschaft Hohenrode,** Heimat vieler Wasservögel, der wir auf dem Rückweg noch näher kommen.

Durch Kleinenwieden geht es – nun wieder an der Weser entlang – nach Großenwieden. Dort liegt die **Weserfähre Großenwieden ①,** mit der wir später übersetzen wollen. Aber erst mal nehmen wir Kurs auf **Hessisch Oldendorf,** wo Störche auf einem alten Fabrikschornstein klappern. Man kann die Stadt auf direktem Weg durchqueren, aber auch einen Schlenker zum **Münchhausenhof ②** einplanen. Der Ritterhof im Stil der Weserrenais-

Für die Seele

Kloster Möllenbeck und Stift Fischbeck sind echte Kraftorte für die Seele, Bier- und Café-Garten aber auch stimmungsvolle Plätze zum Einkehren.

Münchhausenhof

sance fiel im 16. Jahrhundert durch Heirat an die berühmte Familie Münchhausen, die die Schauseite zur Weser in der Mode der Zeit mit Giebeln, Kugeln und Voluten reich verzierte. Das Gut ist in Privatbesitz, lohnt aber auch von außen einen Blick.

Wenn wir die Stadt hinter uns gelassen haben, geht es auf einem schmalem Wirtschaftsweg quer durch die Weserwiesen und immer – an Kiesteichen vorbei – in Richtung Fischbeck. Auf der anderen Seite der Weser erhebt sich das Wesergebirge und wir können die Schaumburg am Hang erspähen. In Fischbeck eingetroffen, radeln wir auf der Fischbeckerstraße immer auf das **Stift Fischbeck ❸** zu. 955 von der Edelfrau Helmburgis gegründet, war es Zufluchtsort für jungfräuliche Damen des Adels. Ihre Mitgift in Form von Geld, Wege- und Mühlrechten sicherte den Wohlstand des Stifts. Auch heutzutage leben hier wie im Mittelalter Stiftsdamen, die heute evangelisch sind und natürlich nicht mehr adelig sein müssen. Der Wohntrakt kann zwar nicht besichtigt werden, aber Fischbeck ist trotzdem ein lebendiger Ort der Begegnung.

__Stift Fischbeck__ öffnet sich an einigen Tagen im Jahr für die Öffentlichkeit – zu Konzerten, Thementagen, Führungen durch den wunderbaren Klostergarten zum Beispiel.

Die Stiftskirche steht uns tagsüber offen: romanisch streng, still und erhaben, aber auch prächtig ausgeschmückt mit dem berühmten Fischbecker Wandteppich aus dem Jahr 1583. Einfach ein paar Minuten in den Kirchenbänken niederlassen und die Ruhe und den Raum genießen. Dann können wir von außen die Geschlossenheit der mittelalterlichen Anlage bewundern und durch romanische Bögen einen Blick in den Klostergarten werfen, der Ruhe und Frieden ausstrahlt.

Ein echtes Juwel ist auch das **Café am Stift ❹,** ein Fachwerkbau von 1564 mit herrlichem Garten. Hier

Fischbeck

Café am Stift

können wir nach Lust und Laune unter alten Apfelbäumen eine entspannte Pause mit Kaffee und Kuchen oder herzhaften Klassikern genießen.

Vom Café aus fahren wir rechts – in die Richtung, aus der wir gekommen sind. Auf dem Kopfsteinpflasterweg geht es an diversen Stiftsgebäuden vorbei, bis wir schließlich durch ein Tor das Stiftsgelände verlassen. Nun fahren wir rechts und dann bald wieder links auf die Lachemer Straße, überqueren die Bahngleise und eine Straßenbrücke und folgen wieder dem Symbol des Radwegs. Es geht durch Getreidefelder und Wiesen, dann wieder an der Weser entlang. Unterwegs überraschen zwei originelle Pausenplätze: Eine hölzerne Bank in Form einer Weserwelle, die **Skulptur Großes Perlboot** ❺ von Kai Wetzel, lädt zum Sitzen und Schauen ein. Eine originelle **Kaffeetheke** ❻ verpflegt durstige Radler. Wenn wir in Fischbeck noch nicht

Rastplatz

eingekehrt sind, lockt das **Café Kastanienhof ⑦** kurz vor Erreichen der Fähre zur Einkehr auf der Terrasse.

Dann liegt die wunderbare **Weserfähre Großenwieden** vor uns, die nördlichste der Gierseilfähren.

Diese traditionelle und umweltfreundliche Alternative zur Motorfähre bringt nur mit Wasserkraft Radler und Autos auf die andere Weserseite. Vielleicht nehmen wir aber vor der Überfahrt für ein paar Minuten auf einer der Bänke Platz und schauen dem Fährmann, vorbeitreibenden Kanus und manchmal auch passierenden Lastkähnen zu. Getränke und Eis gibt es am Kiosk.

Die Minifährfahrt ist viel zu schnell vorbei! Am anderen Ufer radeln wir entspannt auf dem Weserradweg weiter. Wo die Weser einen Bogen macht, liegt der **Naturpark Hohenrode ⑧.** Dort entstand in den letzten Jahren durch Kiesabbau eine einzigartige Auenlandschaft, die nach und nach renaturiert wurde und heute ein naturnahes Ausflugsziel ist. Biber und Fischotter leben hier, aber vor allem hat sich Hohenrode zu einem wichtigen Rast- und Überwinterungsgebiet für zahlreiche Vogelarten entwickelt. Unbedingt anhalten und den Blick zum Himmel richten: Bestimmt ist der ein oder andere Vogel im Anflug. Der beste Platz für die Beobachtung aber ist ein geschützter Ausguck mit Blick auf eine Insel im See, wo sicher ein paar Vögel die Ruhe genießen.

Auf der Hohenroder Straße geht es in **Richtung Exten –** vorbei am idyllischen Friedhof mit seinen bemoosten Grabsteinen. Wir biegen in Exten links in die Mittelstraße ab, dann in die Straße Im Obernfeld und rechts in die Straße Am Eisenhammer, die geradewegs auf die Exter zuführt – das Flüsschen, das munter der Weser entgegenplätschert. Wir radeln durch das **Extertal** nach Uchtdorf, das wir auf dem Kösterbrink durchqueren, bevor wir in die Kasseler Landstraße einbiegen. Wiederum rechts geht es bald darauf in die Exterstraße, bis uns ein Abzweig nach links über die Bahngleise führt. Immer geradeaus fahren wir auf der Straße Auf der Wann, dann rechts in die Stükenstraße und wieder links in die Siemensstraße. An der Hessendorfer Straße und der Lemgoer Straße entlang geht es schließlich nach **Möllenbeck.**

*Die Weser ist für den **Vogelzug** eine bedeutende Leitlinie. Entlang der Geländemarke ziehen viele Vogelarten nach Süden – beispielsweise Kraniche. Zu den Gästen hier zählen aber auch Flussseeschwalben und Fischadler.*

Naturpark Hohenrode

Kloster Möllenbeck

Die charakteristischen Türme der Klosterkirche weisen den Weg zum **Kloster Möllenbeck ⑨**. Das ehemalige Benediktinerkloster, 896 von Gräfin Hildburg gestiftet und durch Kaiser Arnulf als Benediktinerinnenkloster bestätigt, ist ein mittelalterliches Juwel. An die frühe Epoche erinnern nur noch die ottonischen Rundtürme und die Krypta. Es folgte eine wechselvolle Geschichte mit Zerstörungen, Um- und Neubauten, sodass Kirche, Kreuzgang und Klausurgebäude vor allem aus dem späten 15. Jahrhundert stammen. Die Reformation bereitete der Klostergemeinschaft schließlich ein Ende.

Die evangelisch-reformierte Gemeinde Möllenbeck feiert in der Klosterkirche seit dem 17. Jahrhundert ihre Gottesdienste. Hinter den Klostermauern verbirgt sich ein Gästehaus für Jugendgruppen oder Schulklassen. Direkt neben den denkmalgeschützten Gebäuden des Klosters liegt die Domäne Möllenbeck mit dem gemütlichen **Hofgarten ⑩** und ein stilvolles Hotel. In den ehemaligen Wirtschaftsräumen des Klosters oder im Biergarten unter alten Kastanien können wir die besondere Atmosphäre des Ortes aufsaugen und uns leckere Kleinigkeiten wie selbst gebackene Kuchen oder Flammkuchen schmecken lassen.

Wir lassen für die letzte Etappe nach Rinteln die Klosterkirche links liegen, und wenn wir auf die Weidestraße stoßen, fahren wir links. Ein schöner Weg durch die Felder, dessen Verlauf wir immer folgen – ein gutes Stück am Rintelner Herrengraben entlang. Wenn der Radweg endet, fahren wir links ein Stück am Saak'scher Weg entlang in **Richtung Rinteln-Zen-**

trum. Dann biegen wir rechts in die Straße Burgfeldsweide in Richtung Hallenbad. Wenn wir dieses rechts liegen sehen, halten wir uns links und fahren schon bald wieder links in die Einbahnstraße, die für Radler freigegeben ist.

Dann immer weiter in Richtung Altstadt und Weser, wo wir unsere Räder für einen Altstadtspaziergang parken. Ein Prachtstück der Weserrenaissance ist die Innenstadt. Traumhaft sind die Fachwerkstraßenzüge, im 16. bis 18. Jahrhundert entstanden, mit ihrem prachtvollen Schnitzdekor. Ein paar besondere Juwelen stehen am **Marktplatz ⑪,** wo sich auch die gotische Hallenkirche **St. Nikolai** erhebt. Eines der markantesten Gebäude ist das **Alte Rathaus ⑫,** das im 13. Jahrhundert bereits erbaut wurde. Ende des 16. Jahrhunderts wurde die Fassade im Stil der Weserrenaissance aufgehübscht. Die Stadtverwaltung zog vor mehr als 100 Jahren ins Neue Rathaus um – im alten Gebäude kann man heute im Ratskeller gut speisen. Eine Option für eine Einkehr in der Altstadt. Eine lässige Alternative, um den Tag gemütlich ausklingen zu lassen, ist der **Beachclub ⑬** am Weserstrand.

Beachclub

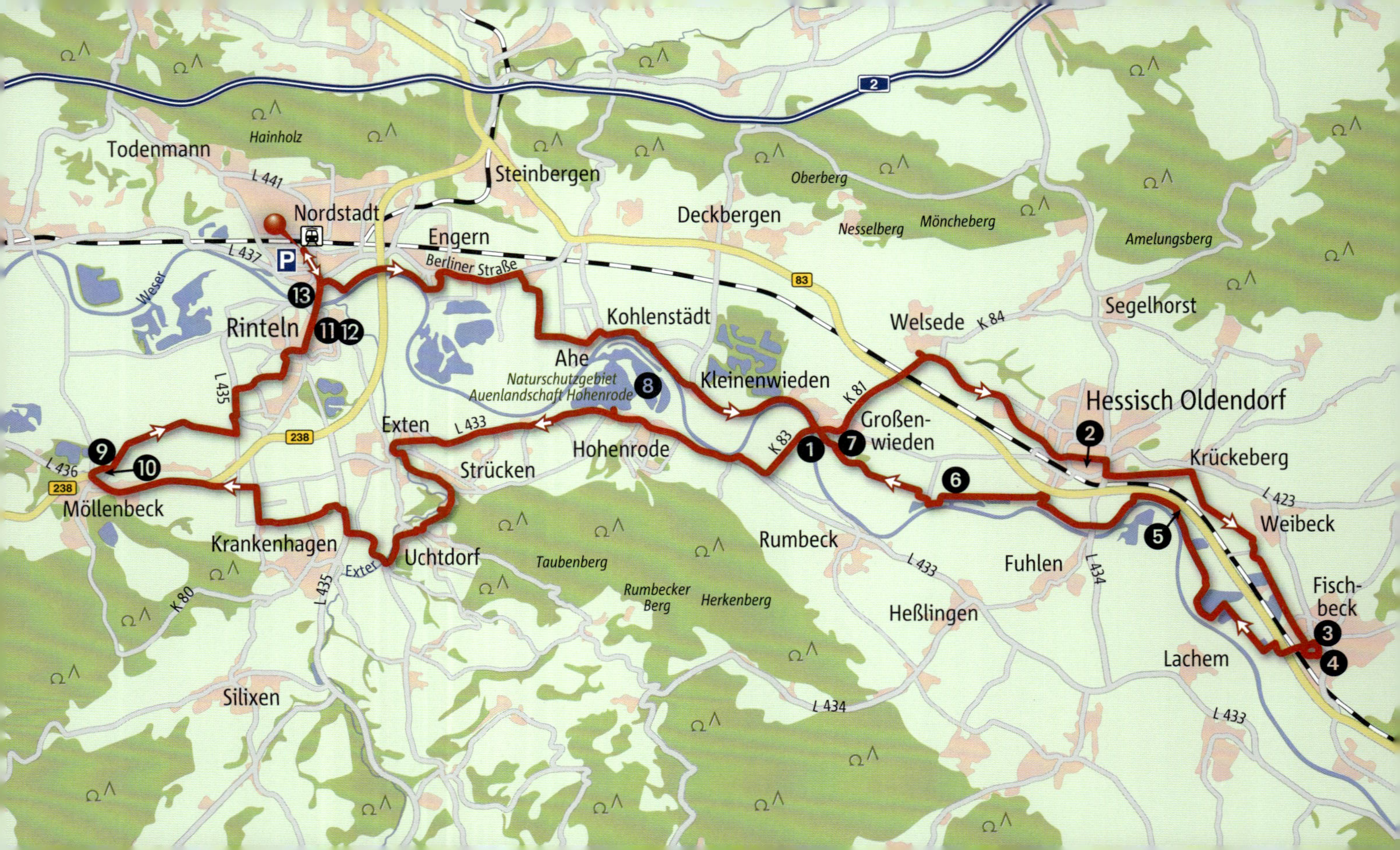
Todenmann
Hainholz
L 441
Steinbergen
Nordstadt
Engern
Deckbergen
Oberberg
Nesselberg
Möncheberg
Amelungsberg
L 437
Weser
Berliner Straße
83
Segelhorst
Rinteln
Kohlenstädt
Welsede
K 84
Ahe
Naturschutzgebiet
Auenlandschaft Hohenrode
Kleinenwieden
K 81
Hessisch Oldendorf
L 435
Exten
L 433
Großen-
wieden
238
Hohenrode
K 83
Krückeberg
L 436
Strücken
L 423
Möllenbeck
Weibeck
Krankenhagen
Rumbeck
Uchtdorf
Exter
Fuhlen
L 434
Taubenberg
Rumbecker
Berg
Herkenberg
Heßlingen
Fisch-
beck
K 80
L 435
Lachem
Silixen
L 434
L 433

Entspannung ★★★★☆

Genuss ★★★★☆

Romantik ★★★★☆

WIE & WANN:
Unterwegs ist man meist auf asphaltierten Fahrradwegen, auch immer mal wieder auf Nebenstraßen. Beste Zeit: von Frühjahr bis Herbst.

HIN & WEG:
Auto: Park & Ride Bahnhof Rinteln, 31737 Rinteln (GPS: 52.198592, 9.077195)
ÖPNV: RB 77 aus Hildesheim, Hameln, Bünde bis Bf. Rinteln

ESSEN & ENTSPANNEN:
Café am Stift ❹ Stiftstraße 3, 31840 Hessisch Oldendorf, Tel. (0 51 52) 9 76 20, www.cafeamstift.de/cafe/
Café Kastanienhof ❼ Obernhagen 15, 31840 Großenwieden, Tel. (0 51 52) 6 98 38 80
Hofgarten am Kloster Möllenbeck ❿ Am Kloster 1, 31737 Rinteln, Tel. (0 57 51) 96 54 01
Bodega Beach Club ⓭ Am Weseranger 2, 31737 Rinteln, www.bbc-rinteln.de/start

ENTDECKEN & ERLEBEN:
Weserfähre Großenwieden ❶
Münchhausenhof ❷ Weserstraße 16, 31840 Hessisch Oldendorf
Stift Fischbeck ❸ Im Stift 6 a, 31840 Hessisch Oldendorf, www.stift-fischbeck.de
Großes Perlboot ❺
Kaffeetheke ❻
Naturpark Hohenrode ❽
Kloster Möllenbeck ❾ Am Kloster 1, 31737 Rinteln
Marktplatz Rinteln ⓫
Altes Rathaus ⓬ Marktplatz, 31737 Rinteln

Ausblick vom Weser-Skywalk

Wald & Wasser

Durch den Solling

Ausgangspunkt für die naturschöne Tour durch die Höhen des Solling, die durch zwei Etappen am Weserradweg eingerahmt wird, ist die Weserbrücke in **Bad Karlshafen.** Dort biegen wir in Richtung **Gradierwerk** ❶ ab. Die Sole machte Karlshafen zum Heilbad und zeigt ihre Heilkraft bei Asthma, Rheuma, Ischias und Bronchitis. Im Gradierwerk an der Kurpromenade rieselt konzentrierte Sole über das mit Schwarzdorn umflochtene Gradiergestell und kristallisiert dabei auch immer festes Salz aus. In Form feiner Kristalle gelangt es in die Luft und beim Einatmen dringen Aerosole in die Atemwege ein, die eine Reinigung und eine

Hafenbecken und Rathaus in Bad Karlshafen

vermehrte Durchblutung der Schleimhäute bewirken. Auch der Stresspegel wird durch das Inhalieren ganz nebenbei gesenkt.

Hinter dem Gradierwerk liegt die **Wesertherme ②,** gespeist aus Hessens salzhaltigster Thermalsolequelle. Die Thermenwelt inklusive Saunaland verspricht Entspannung pur. Wie wär's mit einem Besuch nach der Radtour? Verschiedene Solebecken im Innen- und Außenbereich, Ruhezonen und eine Saunawelt erwarten die Besucher. Garantiert wohltuend für Leib und See-

Gradierwerk

Für die Seele

Eine romantische Fahrt mit der Blumenfähre, besinnliche Momente in der Klosterkirche Lippoldsfelde und reichlich Natur pur im Naturpark Solling.

Ans andere Ufer mit der Wahmbecker Fähre

le. An der Therme vorbei geht es auf dem Radweg an der Mindener Straße nach links. Für das Rauschen der Autos an diesem Abschnitt entschädigt der Blick ins Wesertal und bereits nach wenigen Kilometern folgen wir wiederum nach links dem Hinweis zur Fähre Wahmbeck.

Die Weser fließt uns munter entgegen und auf der anderen Seite des Flusses grüßt der kleine Ort Wahmbeck mit Kirchturm und mächtigen Lindenbäumen. Der Fährmann der **Wahmbecker Fähre** ❸ erwartet uns schon oder ist in wenigen Minuten zur Stelle und setzt uns mit der liebevoll geschmückten Blumenfähre über. Viel zu schnell ist die Minikreuzfahrt vorbei! Nach 2 Minuten landen wir in **Wahmbeck** ❹ mit dem

*Zu einer Reise durch Raum und Zeit ins 12. Jahrhundert lädt ein **Hörführer** ein, den man durch Scannen des QR-Codes am Postkartenfach in Teilen aufs Smartphone laden kann. Dann in einer Kirchenbank Platz nehmen und in die Welt des Mittelalters eintauchen.*

alten Turnplatz unter Linden, der 1889 für die dortige Schule angelegt wurde. In Erinnerung daran gibt es ein paar Turngeräte. Eindrucksvoller sind die herrlichen alten Lindenbäume, unter denen man endlos sitzen und auf die Weser schauen könnte.

Im Ort geht es hinter der Kirche schräg nach rechts, dem Hinweis nach Bodenfelde über die Bruchstraße folgend. Wenn wir den Ort hinter uns gelassen haben, radeln wir durch eine Lindenallee, dann weiter mit Blick auf den Solling zwischen Wiesen und Feldern hindurch – immer dem Radwegsymbol folgend. Rechts von uns rauscht die Weser. Landidylle.

Direkt an der Weser entlang radeln wir der einzigen deutschen Fabrik für Holzkohle entgegen, die wir links liegen lassen und geradeaus nach **Lippoldsberg** fahren. Im hübschen Fachwerkort angekommen, folgen wir dem Hinweis zur **Klosterkirche** ❺. Die Bene-

Kloster Lippoldsberg

diktinerinnen, die hier im Mittelalter lebten, verließen Kloster Lippoldsberg nach der Reformation. Die Klosterkirche ist als erste vollständig eingewölbte Großkirche Norddeutschlands eine Pilgerstätte für Kunstfreunde. Ganz abgesehen von der kunsthistorischen Bedeutung ist der schlichte romanische Kirchenraum ein Ort mit besonderer Aura, der zu einer Auszeit von der Hektik der Welt und zu einer Reise in die Welt der Klosterfrauen des Mittelalters einlädt. Als Konzert- und Theatersaal ist die Kirche heute außerdem bedeutender Kulturstandort in der Region.

Im **Klosterladen** 6 gegenüber der Kirche gibt es neben Büchern auch fair gehandelte Produkte und eine gute Tasse Kaffee, die wir draußen vor der Kirche genießen und dabei den Turmfalken zuschauen können. Ein echter Seelenplatz.

Dann geht es zurück auf dem Weg, auf dem wir gekommen sind, bis nach **Bodenfelde.** Hinter dem Gast-

*Der **Solling,** das zweitgrößte Waldgebiet Niedersachsens, ist das Herz des Naturparks Solling-Vogler, und erstreckt sich östlich des Wesertals. Die ursprüngliche Vegetation waren Blutbuchen, aufgeforstet wurde mit schnell wachsenden Fichten, heute dominiert Mischwald.*

Wüstungskirche Winnefeld

hof Kretaliano fahren wir rechts, dann gleich wieder links in die Bleekstraße. Dort liegt das nette **Café Ambiente 7,** das nachmittags bei herrlichem Weserblick im Fachwerkhaus oder im Garten Kaffee und Kuchen und ein paar deftige Gerichte anbietet. Ein wunderbarer Platz für eine kleine Stärkung.

Die Bleekstraße mündet in die Raiffeisenstraße und die Amelither Straße, und dann beginnt unsere ausgedehnte Landpartie durch den **Naturpark Solling-Vogler** vorbei an Wiesen, Feldern und Wäldern. Ein stilles Naturparadies. Eine ehemalige Mühle aus Fachwerk, ein Forsthaus am Wegesrand, der Rest ist Natur pur.

*Der **Hutewald Solling,** ein Entwicklungsprojekt des Bundesamtes für Naturschutz, lädt zum Erkunden ein. Ein lichter Wald mit knorrigen alten Eichen, dazwischen offene, von Bächen durchzogene Weiden.*

Kurz vor dem Ort **Amelith** biegen wir an der Kreuzung links ab nach Beverungen. Nun sind wir wenige Kilometer entlang der Bundesstraße unterwegs. Die Strecke durch den Wald – mal lichter Laubwald, später Nadelwald – bleibt traumhaft. Immer wieder führen

Wege tiefer in den Wald hinein. Gerne mal absteigen, hineinlaufen und tief durchatmen. Der Duft des Waldes lässt uns zur Ruhe kommen.

Nachdem es eine Weile immer sanft bergauf ging, erwartet uns eine herrliche Abfahrt. Erfrischend ist an warmen Sommertagen der Fahrtwind. Links schickt ein Wegweiser Wanderer zum **Hutewald Solling 8.** Wer Lust auf einen Abstecher hat – der Schotterweg ist auch mit dem Fahrrad machbar. Ein Naturparadies mit abwechslungsreicher Flora und interessanten Bewohnern: Heckrinder und Exmoorponys, urtümliche Haustierrassen, die als Landschaftspfleger dienen.

Kurz darauf liegt ebenfalls zur Linken die Ausgrabung der **Wüstungskirche Winnefeld 9 –** eine Dorfkirche von erstaunlichen Ausmaßen, die Archäologen ans Tageslicht brachten und auf das 12. Jahrhundert datierten.

__Exmoorponys__ sind im Südwesten Englands beheimatet, gelten als robust und trotzen feuchtkaltem Klima. Genau wie das Heckrind, eine Abbildzüchtung des seit 1627 ausgestorbenen Auerochsen.

Würgassen

Nach etwa 1 Kilometer nehmen wir den Abzweig nach **Fürstenberg/Derental** und sind nun wieder auf einer ruhigen Nebenstraße unterwegs. Wenn wir zur Linken eine Schutzhütte sehen, haben auch diejenigen, die nicht zum Hutewald abgebogen sind, die Chance, Heckrinder und Exmoorponys zu erspähen.

Nun brausen wir abwärts zurück ins Wesertal, das wir bei **Meinbrexen** erreichen. Dort geht es auf dem Weserradweg nach links. Meinbrexen ist bekannt für seine Erdbeerfarmen und während der Erdbeerzeit verströmen die Felder einen unwiderstehlichen Duft und wir können uns an dem ein oder anderen Kiosk mit frischen Beeren zum Naschen eindecken. Noch ein letzter Blick zurück auf den Solling. Wir folgen immer dem Radwegsymbol durch den hübschen Fachwerkort **Lauenförde** und am Weserberglandsee mit Sportboothafen vorbei. In **Würgassen ⑩,** wo es eine

Weserfähre, ein Gasthaus und Holzliegen am Ufer gibt, kommen wir der Weser noch einmal ganz nah.

Auf dem letzten Stück radeln wir an den **Hannoverschen Klippen** ⑪ entlang – eine Gruppe von sieben bis zu 75 Meter hohen, bewaldeten Klippen aus Wesersandstein am Nordufer der Weser. Sie entstanden vor rund 250 Millionen Jahren, ihre heutige Form verdanken sie den Kräften der Erosion. Seit 2011 thront auf dem höchsten Felsen der **Weser-Skywalk,** eine Aussichtsplattform, die sich bis zu 80 Meter über der Weser erhebt und jederzeit frei zugänglich ist. Vielleicht eine Idee für einen Abstecher, wenn wir zurück in Karlshafen sind.

Dann Endspurt nach **Bad Karlshafen.** Hier lockt ein Besuch in der Wesertherme, an der wir am Anfang der Tour bereits vorbeigeradelt sind, oder eine Einkehr in einem der Lokale an der Weserpromenade. Im Restaurant **Zum Weserdampfschiff** ⑫ kann man bei schönem Wetter auf der Weserterrasse sitzen und gepflegte Küche genießen.

Blick auf Bad Karlshafen

Blankenau
Lange Straße
Derental
Winnefeld
B 241
Schinkelberg
Amelith
Schönhagen
Meinbrexen
Kirchberg
Nienover
Amelither Straße
Polier
Ahne-Berg
L 551
Naturpark Solling-Vogler
Beverungen
L 550
Lauen-
förde
Sohnrey-Höhe
B 80
Sieburg
Würgassen
L 763
Bad Karlshafen
Herstelle
Weser
Kolonie Nollendorf
Diemel
Roter Berg
Helmarshausen
K 447
Bodenfelde
Weserstraße
Wahmbeck
Gewissenruh
K 79
Lippoldsberg
Kuhlägerkopf
L 3392
L 561

Entspannung ★★★★☆
Genuss ★★★☆☆
Romantik ★★★★☆

WIE & WANN:
Eine Tour abseits der Hauptrouten des Weserradwegs mit ein paar Steigungen durch den Naturpark Solling-Vogler und entspanntem Ausklang auf dem Werderradweg. Asphaltierter Radweg, Nebenstraßen mit wenig Verkehr, ein Stück entlang der Bundesstraße. Beste Zeit: von Frühjahr bis Herbst, besonders schön im Sommer.

HIN & WEG:
Auto: Wanderparkplatz An der Schlagd, 34385 Bad Karlshafen (GPS: 51.642541, 9.449935)
ÖPNV: RB 85 aus Paderborn, Göttingen bis Bf. Bad Karlshafen

ESSEN & ENTSPANNEN:
Klosterladen Lippoldsberg ❻ Klosterhof 10, 34399 Wesertal/Lippoldsberg, www.klosterkirche.de
Café Ambiente ❼ Bleekstraße 23, 37194 Bodenfelde, Tel. (0 55 72) 5 15, www.cafe-ambiente2010.de
Zum Weserdampfschiff ⓬ Weserstraße 25, 34385 Bad Karlshafen, Tel. (0 56 72) 24 25, www.zumweserdampfschiff.de

ENTDECKEN & ERLEBEN:
Gradierwerk ❶ Kurpromenade, 34385 Bad Karlshafen
Wesertherme ❷ Kurpromenade 1, 34385 Bad Karlshafen, www.wesertherme.de
Wahmbecker Fähre ❸ Weserstraße 1, 37194 Bodenfelde
Wahmbeck ❹
Klosterkirche Lippoldsberg ❺ Schäferhof 19, 34399 Wesertal/Lippoldsberg, www.klosterkirche.de
Hutewald Solling ❽
Wüstungskirche Winnefeld ❾
Würgassen ❿
Hannoversche Klippen ⓫

45,4 Kilometer
220 Höhenmeter
3 Stunden
Rundtour
Am Moorgarten-Café

Meer & Moor

Zum Steinhuder Meer

Eine echte Lieblingstour, die gespickt ist mit Höhepunkten und vom Kurpark in Bad Nenndorf, einem kleinen Gartenkunstwerk, über die mittelalterliche Kirche von Idensen zum Steinhuder Meer führt. Stärkung wartet unterwegs in Bauernhofcafés oder im Gasthof am Moor.

Ausgangspunkt ist das **Grandhotel Esplanade ❶** in Bad Nenndorf, einst das Große Schwefelbadehaus, das an die großen Zeiten des Kurwesens in Bad Nenndorf erinnert. Wir folgen der Hotelroute in Richtung Kurpark. Als Landgraf Wilhelm IX. von Hessen-Kassel (1743–1821) – seit 1803 Kurfürst Wilhelm I. – 1787 den „Schwefelbrunnen Nendorf" gründete, lagen die Schwefelquellen am Ortsrand von Großen Endorf. Er kaufte die Ländereien auf und nach 1789 entstanden nach und nach die Badeanlagen. Neben dem Hotel Esplanade liegt das **Schlammbadehaus,** vor dem die Statue von Hygieia, der griechischen Göttin der Gesundheit, mit einer Äskulapschlange wacht. Hinter den Badehäusern entstand im späten 18. Jahrhundert ein Park im angesagten Stil der Zeit. Der hessische Hofgärtner Georg Wilhelm Homburg hatte sich in England mit den neuesten Entwicklungen britischer Gartenkunst vertraut gemacht und schuf einen englischen Landschaftspark in Niedersachsen.

Baumriesen wie einige Mammutbäume gehören zu den Attraktionen des Kurparks. Der größte Schatz aber ist die **Süntelbuchenallee ❷,** 1920 gepflanzt, mit dem wohl größten Süntelbuchenbestand in Deutschland. Die charaktervollen Bäume biegen sich fantasievoll im Zickzackkurs um die eigene Achse und sind wunderbare Fotomotive. Früher vermutete man, dass dunkle Mächte für die merkwürdige Form verantwortlich seien und bezeichnete die Bäume als Hexenholz oder Teufelsbuche. Die Allee dürfen wir durchradeln. Ein erster Höhepunkt der Tour, noch bevor sie richtig begonnen hat

*Die **Süntelbuche** ist eine seltene Form der Rotbuche, die im Weserbergland zu Hause ist. Sie hat eine besondere Wuchsform: kurze, verdrehte Stämme sowie verkrüppelte und miteinander verwachsene Äste. Sie wächst mehr in die Breite als in die Höhe.*

Bevor wir den Kurpark hinter uns lassen, machen wir noch einen Schlenker zum mediterran anmutenden **Sonnengarten,** den ein Hofgärtner Anfang des 20. Jahrhunderts nach italienischem Vorbild gestaltete. Dann geht es zurück auf die Hauptstraße und wir radeln weiter in Richtung Horsten. An der Ampel zweigen wir links ab in die **Horster Straße.** Kurz darauf bie-

Süntelbuchen

Für die Seele

Viele kleine Glücksmomente gibt es zwischen Kurpark, Schlosspark sowie Moorcafé und im Sommer sogar eine erfrischende Badepause am Steinhuder Meer.

gen wir, dem Schild „Hohnhorst 3,6 km" folgend, in einen Radweg ein. An Abzweigungen folgen wir immer dem Radwegsymbol bzw. den Wegweisern nach Hohnhorst. Fast ist es noch zu früh für eine Stärkung, wenn wir im Dorf mit seinen hübschen Backsteinbauten einlaufen. Aber **Miras Hofcafé ③,** das dem dortigen Hofladen angegliedert ist, lockt mit selbst gebackenen Kuchen und nettem Garten.

Hofladencafé

Über die Straße **Zum Walde** führt unser Weg weiter in den Ortsteil Scheller und von dort erreichen wir über einen kleinen Waldweg den Bahnhof in Haste. Die Bahnunterführung bringt uns auf die andere Seite der Gleise, dahinter geht es schräg rechts weiter. Wir folgen weiterhin dem Symbol des Radwegs, der bei Vogelgesang und Bachgeplätscher ein Stück durch den **Haster Wald** führt.

Auf der Forstbrücke überqueren wir bald den **Mittellandkanal ④,** mit 325,3 Kilometern Länge die längste künstliche Wasserstraße Deutschlands, und können eine Weile Schiffe gucken, die gemütlich auf dem ruhigen Wasser dahingleiten. Hinter der Brücke geht es rechts und wir radeln ein Stück am Ufer des Kanals entlang. Dann fahren wir durch Bauernland – vorbei an Bauernhäusern aus rotem Backstein, einer Rot-

Mittellandkanal

wildfarm und Pferdekoppeln. Eine perfekte Strecke zum Entschleunigen!

Die nächste Station ist **Idensen.** Im Bauerdorf lockt eine weitere kulinarische Verführung: die **Kaffeestube Idensen ❺,** berühmt für ihre Wüstentorte. Aber auch der warme Apfelstrudel ist ein Genuss. Wer jetzt noch nicht hungrig ist: Auf dem Rückweg kommt man direkt daran vorbei. Am Ortsausgang führt ein Weg zur **Sigwardskirche ❻,** die wohl als Grablege des Bischofs Sigward von Minden im frühen 12. Jahrhundert erbaut wurde und zweifellos der kunsthistorische Höhepunkt unserer Tour ist. Wenn das Gotteshaus geschlossen ist, lohnt es sich, den Kirchenschlüssel im Pfarrhaus abzuholen. Die Wandmalereien im Innenraum, die Szenen aus dem Alten und Neuen Testament fantasievoll erzählen, sind eine Pracht. Sie entführen in die Welt des Mittelalters, als Wandmalereien die Bibel der Analphabeten waren. Bänke im Garten rund um die Kirche laden ein, noch ein bisschen zu bleiben.

Hinter Idensen fahren wir auf Mesmerode und einen grün-weißen Berg zu. Wo früher salzhaltige Rückstände des Kalibergbaus in der Region aufgehaldert wurden, entwickelt sich seit einigen Jahren neues Leben – mit der Begrünung der Halde entstand auf dem **Kaliberg Bokeloh 7**, stolze 176 Meter hoch, ein Lebensraum für eine artenreiche Flora und Fauna. Die Blumen, die hier im Sommer in allen Farben blühen, bieten Schutz und Nahrung für Insekten. Ein echtes Naturidyll.

Wir fahren am **Kaliberg** vorbei und weiter geradeaus – vorbei an Raps- und Kornfeldern, mit Blick auf Bauernhäuser und Kirchtürme. In der Ferne können wir schon das Steinhuder Meer erahnen. Doch zunächst erspähen wir rechts des Weges einen Förderturm in Hagenburg, der uns zu einem Kapitel der hiesigen Industriekultur führt. Daran erinnert das **Bergbaumuseum Schacht Weser 8**, das einen Besuch lohnt.

*Der **Schacht Weser** wurde 1910 erschlossen, um Kalisalze in bis zu 1400 Metern Tiefe abzubauen. 1928 bereits hatte er ausgedient. Das Bergbaumuseum zeigt Gerätschaften, Mineralien, Pläne und Fotos aus der Zeit des Stein- und Kalibergbaus.*

Sigwardskirche

Bergbaumuseum Schacht Weser

Anschließend biegen wir links in die **Wunstorfer Straße** ein und gleich wieder rechts in die Steinhuder Straße. Das ehemalige Fischer- und Weberdorf **Steinhude** ist heute Touristenzentrum, dessen Ortskern kleine Fachwerkhäuser prägen. Wir steuern aber gleich auf das Ufer des **Steinhuder Meers** ⑨ zu. Vor uns liegt ein Binnenmeer – der größte See Niedersachsens –, das alles bietet, was am und auf dem Wasser Spaß macht: Strandterrassen, Buden mit Fischbrötchen, Elektroboote, Spazierwege und Badestrände. Ausflugsschiffe warten darauf, Besucher auf die Insel mit der Festung Wilhelmstein zu bringen. An Sommertagen lockt aber natürlich auch eine Badepause – am besten auf der **Steinhuder Badeinsel** ⑩**,** die zu Fuß über eine Brücke zu erreichen ist. Sie wurde künstlich angelegt und ist mit Sandstrand, Liegewiesen und Spielplätzen ein Badeparadies für die ganze Familie. Eine herrliche Erfrischung, bevor wir wieder aufs Fahrrad steigen.

*In Restaurants und an Ständen wird **Räucheraal** serviert, die Spezialität Steinhudes. Teilweise fischt man die Aale noch traditionell mit dem Steinhuder Torfkahn und bereitet sie vor Ort in mehreren Räuchereien zu.*

Für die Weiterfahrt kehren wir dem Steinhuder Meer den Rücken zu und fahren am Minigolfplatz vorbei wieder auf den Fahrradweg, der teilweise am Ufer entlang, dann wieder durch den Wald führt. Sehenswert ist das historische **Scheunenviertel** mit Fachwerkscheunen aus dem 18. Jahrhundert, die anlässlich der Expo 2000 in Hannover restauriert wurden. Im weiteren Verlauf des Weges sind Bänke und Picknickplätze kleine Ruheinseln, um zum Beispiel den Enten beim Schwimmen und bei der Landung zuzusehen.

Hagenburg, unser nächstes Ziel, ist ausgeschildert und bald stoßen wir auf den **Hagenburger Kanal ⑪,** an dem wir, nach links abbiegend, entlangradeln. Graf Wilhelm zu Schaumburg-Lippe (1724–1777) legte ihn im 18. Jahrhundert an, um auf dem Wasserweg zu seiner Festung Wilhelmstein zu gelangen.

Am Kanal entlang radeln wir durch eine wunderbare Idylle direkt auf das Schloss zu. Hölzerne Liegestühle laden hier und da zum Entspannen ein. **Schloss Hagenburg ⑫** war einst Sommersitz der fürstlichen Familie zu Schaumburg-Lippe. Der Fachwerkbau von 1686 und der klassizistische Flügel von 1799 sind in Privatbesitz und nicht zu besichtigen. Alljährlich finden hier Kunst- und Antiquitätenauktionen statt.

Dann geht es ins Moor. Der Radweg führt uns zum **Moorgarten** und auf der Terrasse des **Moorgarten-**

*Die Insel **Wilhelmstein** im Steinhuder Meer gehört der Adelsfamilie Schaumburg-Lippe, die sie 2021 für 15 Jahre an die Steinhuder Meer Tourismus GmbH verpachtete. Eine Attraktion für Besucher ist die Inselfestung, die im 18. Jahrhundert der Verteidigung des Kleinstaates Schaumburg-Lippe diente.*

Steinhuder Meer

Cafés ⑬ können wir gemütlich einkehren. Vor oder nach der Stärkung lohnt es sich, auf dem Lehrpfad durch die Moorlandschaft zu spazieren. Tafeln erzählen von der Bedeutung von Feuchtwiesen, erklären, was Nieder- und Hochmoore unterscheidet. Charakteristische Moorpflanzen wachsen am Wegesrand. Ein kleines Naturparadies.

Bevor wir uns wieder in den Sattel schwingen, können wir nach Lust und Laune auf Spazierwegen den ehemaligen **Schlosspark** erkunden. Hauptattraktion, besonders zur Blütezeit im Mai, ist die rund 500 Meter lange Allee aus Sumpfzypressen und Rhododendren. Welche Farbenpracht!

Hinter der Rhododendronallee biegen wir links ab. Wenn wir die Lange Straße erreichen, geht es ganz kurz rechts, dann überqueren wir die Straße und radeln auf dem Weg Am Försterteich weiter. An dessen Ende fahren wir rechts und sofort wieder links in die Hainholzstraße und folgen immer dem Symbol des Fahrradwegs. Entlang der Schierstraße geht es bis zu einem Kreisverkehr. Wir biegen in die Auhagener Straße ein und gleich wieder rechts in die Idenser Straße, der wir eine Weile folgen. Dann fahren wir rechts in die Straße Nienhagen, über den Mittellandkanal und geradeaus, bis wir auf die Nordbrucherstraße treffen. Dann nach rechts und auf der Rehrener Straße bis zum nächsten Abzweig nach links. Nun radeln wir entspannt durch das Tal der **Rodenberger Aue** immer geradeaus nach **Riepen.** Wenn wir den Ort durchquert haben, geht es links. Auf der Straße In der Mühlenaue überqueren wir die Rodenberger Aue, die gemütlich dahinplätschert, und durchqueren Horsten auf der Straße Im Dorfe. Wenn diese nach rechts abbiegt, halten wir uns geradeaus, laufen nach wenigen Minuten wieder in **Bad Nenndorf** ein und können nach Lust und Laune noch ein bisschen durch den Kurpark spazieren.

Moorgarten-Café

Steinhuder Meer
Steinhude
Hagenburger Moor
Südbach
Altenhagen
Im Sandbrinke
Wunstorfer Straße
Hohes Holz
Hagenburg
Schierstraße
Wunstorf
Bokeloh
Düdinghausen
Mordgraben
K 40
K 329
Mesmerode
L 445
K 39
Westaue
K 345
Vor den Toren
Auhagen
K 340
Osterriehe
Idensen
Idenser Graben
Sachsenhäger Aue
Niengraben
Brinkstraße
Idensermoor
Rähden
Haster Wald
Mittellandkanal
Rodenberger Aue
Wilhelmsdorf
Waldstraße
Dühlholz
Kornweg
Nordbruch
Haste
L 449
K 50
Rehren
K 47
Hohnhorst
Ottensen
Helsinghausen
442
441
Lindhorst
Kreuzriehe
Ohndorf
Riehe
Riepen
Waltringhausen
Beckedorf
Horster Straße
K 52
Horsten
Bad Nenndorf
Galenberg
65
K 47
Bantorf
2
1
2
3
4
5
6
7
8
9
10
11
12
13

Entspannung ✱✱✱✱✱
Genuss ✱✱✱✱✱
Romantik ✱✱✱✱✱

WIE & WANN:
Hauptsächlich asphaltierte und geschotterte Fahrradwege. Kurze Abschnitte entlang der Straße. Beste Zeit: von Frühjahr bis Herbst.

HIN & WEG:
Auto: Parkplatz Agnes-Miegel-Platz, 31542 Bad Nenndorf (GPS: 52.331610, 9.373826)
ÖPNV: S 1 aus Minden, S 2 aus Nienburg bis Bf. Bad Nenndorf

ESSEN & ENTSPANNEN:
Miras Hofladen mit Hofcafé ❸ Hauptstraße 25, 31559 Hohnhorst, Tel. (0 57 23) 9 86 58 85, www.hofladen-hohnhorst.de
Kaffeestube Idensen ❺ Niengraben 2, 31515 Wunstorf-Idensen, Tel. (0 57 23) 98 13 29
Moorgarten-Café ⓭ Schloßstraße 23, 31558 Hagenburg, Tel. (0 50 33) 9 81 90 77

ENTDECKEN & ERLEBEN:
Grandhotel Esplanade ❶ Bahnhofstraße 8, 31542 Bad Nenndorf
Süntelbuchenallee ❷ im Kurpark Bad Nenndorf
Mittellandkanal ❹
Sigwardskirche ❻ An der Sigwardskirche 3, 31515 Wunstorf
Kaliberg Bokeloh ❼
Bergbaumuseum Schacht Weser ❽ Schachtstraße 9, 31558 Hagenburg, Tel. (0 50 33) 98 07 13
Steinhuder Meer ❾
Steinhuder Badeinsel ❿
Hagenburger Kanal ⓫
Schloss Hagenburg ⓬ Schloßstraße 21, 31558 Hagenburg

- 28,5 Kilometer
- 150 Höhenmeter
- 1,5 Stunden
- Rundtour

Hofcafé Zum Pferdestall

Landpartie

Durchs Schaumburger Land

Die charmante kleine Landpartie durchs Schaumburger Land, die keine großen Anforderungen an die Kondition stellt, ist eine wunderbare Halbtagestour. Ausgangspunkt ist **Stadthagen,** ein Stadtjuwel der Weserrenaissance.

Wir starten am Bahnhof in Stadthagen, von wo aus wir auf der Bahnhofstraße in Richtung Innenstadt rollen. Den Bummel durch die mittelalterliche Stadt, der die Fürsten von Holstein-Schaumburg vor allem im 16. Jahrhundert mit Prachtbauten ihren Stempel aufdrückten, heben wir uns für später auf.

Zunächst fahren wir, wenn wir auf die Marktstraße stoßen, links auf den **Stadtwall ①,** der sich wie ein grüner Gürtel um die historische Altstadt legt. Ein erster Höhepunkt unserer Tour ist vor allem im Früh-

Kirschbaumallee

jahr die **Kirschbaumallee.** Im April rauscht man durch ein rosafarbenes Blütenmeer. Zu jeder Jahreszeit geht es vorbei am Stadtturm, am Torschreiberhaus, an der Niedernmühle und zuletzt taucht zur Rechten die Rückseite des **Stadtschlosses** ❷ auf – ein Wohnschloss des 16. Jahrhunderts, das auf den Mauern einer mittelalterlichen Wasserburg entstand. Lust auf einen kurzen Schlenker? Das Schloss war Wohnsitz und Residenz der Schaumburger Grafen und erzählt von Macht und Pracht einer Ära. Heute hat das Finanzamt – ganz sicher eines der schönsten Deutschlands – hier seinen Sitz. Beeindruckend ist der repräsentative Innenhof der Anlage mit stattlichen Bogengiebeln und einem wie gedrechselt wirkenden Turm. Lauter Elemente, die stilbildend für die Weserrenaissance waren.

Wer noch nicht in Besichtigungslaune ist, überquert direkt die Habichhorster Straße und fährt am Flüsschen Hülse entlang durch den ehemaligen **Schlosspark** ❸. Als Renaissancegarten angelegt, wurde er später im Stil des Barocks umgestaltet und ist auch

Tierische Begegnung am Weg

Für die Seele

Eine entspannte Landpartie für stille Genießer, auf der zauberhafte Cafés im traumhaften Schlosspark von Stadthagen zur Einkehr einladen.

heute noch ein wahres Schmuckstück. Wo früher der Adel flanierte, entspannen jetzt die Stadthagener. Rasenflächen, Spazierwege, Outdoor-Fitnessgeräte und mehr machen den Park zu einer vielfältig genutzten grünen Lunge. Hingucker im Garten ist das in einem Teich auf Pfählen errichtete **Lustschlösschen ❹,** in das ein bildhübsches kleines **Café ❺** eingezogen ist. Wie wär's mit einem (zweiten) Frühstück? Der Park ist einfach zu schön, um gleich wieder weiterzurauschen.

Wenn wir den Schlosspark hinter uns gelassen haben, geht es weiter durch eine Siedlung und wir folgen stets den Wegweisern nach Reinsen. An der nächsten Kreuzung biegen wir nach rechts in die Staatsrat-Lorenz-Straße ein, an der übernächsten Kreuzung dann links in die Pastor-Walzberg-Straße und im Anschluss an der zweiten Kreuzung links in die Landsbergstraße. Nun überqueren wir die B 65 und radeln weiter geradeaus.

Dem Radwegsymbol folgend geht es querfeldein durch die Felder, bis wir auf die Oberwöhrener Straße stoßen, in die wir rechts einbiegen. Im weiteren Verlauf heißt sie An der Bornau. Eine entspannte Landpartie – vorbei an knorrigen Weiden, schlanken Birken, im Frühjahr blühenden Rapsfeldern und Bauernhäusern aus rotem Backstein. Links geht es dann weiter in die Straße **Habrihausen,** der wir durch die gleichnamige Siedlung folgen, bis wir die Straße An der Bergkette erreichen. Es geht weiter nach links und gleich wieder links in die Reinebuld. Aller guten Dinge sind drei: Schon biegen wir erneut nach links ab, um anschlie-

*Ein wunderbar entspannter Platz fürs Frühstück, einen herzhaften Snack oder die Tea Time ist das **Lusthaus Café** im Lustschlösschen des ehemaligen Schlossparks.*

Blick auf das Rittergut Remeringhausen

Dorfkirche St. Jürgen

ßend nach rechts dem Radweg nach **Reinsen** zu folgen. Noch einmal geht es rechts ab entlang der Rodenberger Straße durch den Ort Reinsen und dahinter links ab auf die Heuerßer Straße.

Hinter den im Frühjahr sonnengelben Rapsfeldern lugt schon das **Rittergut Remeringhausen 6** hervor. Vor der Ortseinfahrt Heuerßen ist links der Abzweig zum Gut ausgeschildert, zu dem eine Kirschbaumallee führt. Das Landgut aus der Zeit um 1800 ist in Privatbesitz und außerhalb von Veranstaltungen nicht zu besichtigen, aber wir können eine Runde um das stolze Gemäuer drehen und einen Blick in den Landschaftsgarten im englischen Stil und auf das von einem Wassergraben umgebene Schlösschen und Herrenhaus werfen. Wer an einem der Tag der offenen Tür vor Ort ist, darf sich auf ein Meisterstück der Gartenarchitektur um 1800 freuen.

*Viermal im Jahr öffnet **Gut Remeringhausen** anlässlich eines Events – Pflanzentage, British Weekend, Romantic Garden und November Licht – den prächtigen Garten für Besucher.*

Nach dem Abstecher geht es wieder zurück zur Hauptstraße und durch das Dorf **Heuerßen.** Einen Stopp wert ist die spätromanische **Dorfkirche St. Jürgen 7,** die mit Bruchsteinen erbaut wurde. Wie schade, dass man nur sonntags einen Blick ins Kirchenschiff werfen kann! Auf der Kreisstraße verlassen wir den Ort und fahren auf der Straße Untere Bult weiter durch Kobbensen und auf der Verlängerung, der Lindhorster Straße, querfeldein durch das Schaumburger Bauernland nach Lindhorst (2 Kilometer). Durch die Bahnunterführung geht es auf die Bahnhofstraße und weiter ins Ortszentrum, wo am Wochenende das liebevoll gestaltete **Heimat- und Bergbaumuseum Gümmer 8** in die Ära des Bergbaus in der Region entführt. Das angegliederte **Hofcafé Zum Pferdestall 9** lädt zu einer gemütlichen Kaffeepause oder zu kleinen herzhaften Speisen ein.

Direkt am Museum verläuft die Lüdersfelder Straße, der wir folgen. Bevor wir Lüdersfeld erreichen, biegen wir jedoch links zum Ortsteil **Vornhagen** ab und fahren auf der gleichnamigen Straße in Richtung

Stadthagen. Zuvor haben wir aber noch einmal die Gelegenheit zur Einkehr im wunderbaren **Gartencafé Kunstliebhaberei ⑩** der Künstlerin Ilka Greve, die neben floralen Objekten auch vegane Tortenkunstwerke gestaltet. Ein herrlicher Platz zum Genießen und Entspannen. Wegen unregelmäßiger Öffnungszeiten jedoch am besten vorher anrufen.

Nun fahren wir weiter in Richtung Probsthagen. Im Herzen des Ortes liegt die gotische **Pfarrkirche Probsthagen ⑪** aus dem frühen 13. Jahrhundert, die zu einer kleinen Reise ins Mittelalter einlädt. Anschließend geht es links weiter auf der Straße Kloppenburg und nach Überquerung der L 445 auf der Probsthägerstraße nach **Stadthagen.** Wenn wir die Vornhäger Straße erreichen, biegen wir rechts ab, stoßen bald schon auf den Stadtwall und fahren über die Krumme

Gartencafé Kunstliebhaberei

Straße und die Niedernstraße zum **Marktplatz ⓬.** Die gute Stube der Stadt ist umringt von eleganten Patrizierhäusern und hier finden sich mehrere Lokale, in denen wir den Tag ausklingen lassen können.

Wer noch ein bisschen Kultur tanken möchte, besucht um die Ecke die mittelalterliche Kirche **St. Martini,** die wir – anders als viele andere protestantische Kirchen der Region – zu normalen Öffnungszeiten auch von innen besichtigen können. Direkt an die Kirche grenzt der achteckige Kuppelbau des **Mausoleums ⓭** mit der Grablege für Fürst Ernst von Schaumburg und seine Familie – gestaltet nach dem Vorbild der Medici-Kapelle in Florenz. Ein lichtdurchfluteter Raum, der zu den baulichen Höhepunkten der Weserrenaissance zählt.

Lüdersfeld
Lindhorst
Lauenhagen
Nordsehl
Bahnhofstraße
Hauptstraße
Ziegenbach
Westerntor
Probsthagen
K 30
Hessbach
Beckedorf
Kobbensen
Vornhagen
Am Lohhof
Reeke
Holpe
65
Bahnhofstraße
Dülwaldstraße
Probsthäger Straße
Hülse
Vornhäger Straße
Heuerßen
Stadthagen
Kalter Bach
Enzer Straße
Breslauer Straße
Bornau
Krummer Bach
Vornhäger Bach
Heuerßer Straße
Kleinhegesdorf
Habichhorster Straße
Habichhorst-
Blyinghausen
Rodenberger Straße
Reinsen-Remeringhausen
L 444
Jahnstraße
L 444
K 26
K 25
An der Bergkette
Habrihausen
Groß Hegesdorf
Krebshagen
Obernwöhren

Entspannung ✱✱✱✱✱
Genuss ✱✱✱✱✱
Romantik ✱✱✱✱✱

WIE & WANN:
Meist asphaltierte Radwege oder verkehrsarme Nebenstraßen und wenige Höhenmeter. Eine entspannte Tour. Beste Zeit: von Frühjahr bis Herbst gut machbar. Besonders schön während der Rapsblüte.

HIN & WEG:
Auto: Parkplatz am Bahnhof Stadthagen, 31655 Stadthagen (GPS: 52.331374, 9.186542)
ÖPNV: S 1 aus Minden, RE 60 aus Braunschweig, RE 70 aus Bielefeld bis Bf. Stadthagen

ESSEN & ENTSPANNEN:
Lusthaus Café ❺ Habichhorster Straße 2, 31655 Stadthagen, Tel. (0 57 21) 9 82 38 88, www.lusthausstadthagen.de
Hofcafé Zum Pferdestall ❾ Bahnhofstraße 37, 31698 Lindhorst, Tel. (0 57 25) 9 49 40
Café Kunstliebhaberei ❿ Vornhagen 44, 31702 Lüdersfeld, Tel. (01 77) 3 68 39 17, www.kunstliebhaberei.de

ENTDECKEN & ERLEBEN:
Stadtwall ❶
Stadtschloss ❷ Obernstraße 36, 31655 Stadthagen
Schlosspark ❸ Habichhorster Straße 2, 31655 Stadthagen
Lustschloss im Schlosspark ❹ Habichhorster Straße 2, 31655 Stadthagen
Rittergut Remeringhausen ❻ Heuerßer Straße 25, 31655 Stadthagen, www.gut-remeringhausen.de
Kirche St. Jürgen ❼ Kirchweg, 31700 Heuerßen
Heimat- und Bergbaumuseum Gümmer ❽ Bahnhofstraße 37, 31698 Lindhorst, www.hof-guemmer.de
Pfarrkirche Probsthagen ⓫ Kloppenburg 11, 31655 Stadthagen
Marktplatz Stadthagen ⓬
Mausoleum ⓭ Am Kirchhof, 31655 Stadthagen

Ritt auf der Kanonenkugel

- 39,3 Kilometer
- 230 Höhenmeter
- 2,5–3 Stunden
- Rundtour

Auf den Spuren von Märchen und Sagen sind wir auf dieser Tour beiderseits der Weser unterwegs. In Bodenwerder, dem Ausgangspunkt der schönen Weserrunde, lebte und dichtete der Baron Münchhausen, der auf Kanonenkugeln ritt und sich selbst aus dem Sumpf zog – zumindest in seinen fabelhaften Geschichten. Am Ende der Radtour nehmen wir uns Zeit, in der kleinen Stadt an der Weser auf seinen Spuren zu wandeln.

Die Tour startet am Münchhausenplatz beim Hotel Goldener Anker in **Bodenwerder** und wir fahren links leicht abwärts auf den Weserradweg. Die Weser überqueren wir nicht. Dann führt der Radweg zunächst ein Stück an der Bundesstraße entlang. Der Verkehr

Märchenhaft!

Von Polle nach Bodenwerder

Burgruine Polle

Gierseilfähre

zur Rechten stört jedoch kaum – der Blick ins Wesertal ist einfach zu schön! Und bald schon erreichen wir eine wenig befahrene Nebenstraße und rollen durch eine idyllische, entschleunigende Landschaft. Es geht durch das Fachwerkdorf **Pegestorf,** eine Dorfidylle mit blumengeschmückten Fensterläden und Bauerngärten, und immer weiter geradeaus Richtung Polle. Gegenüber von **Dölme** erwartet uns ein spannender Abschnitt, wo sich die Straße zwischen der Weser und einer Felswand hindurchzwängt. Dann nehmen wir für ein paar Kilometer Abschied vom Fluss und radeln auf direktem Weg nach Brevörde mit der Wehrkirche **St. Urban,** die auf das 12. Jahrhundert zurückgeht.

Für die Seele

Herrlich ist der Blick von der romantischen Burg Polle über das Wesertal und am Weserradweg schauen wir bei Kaffee und Kuchen dem Fluss beim Fließen zu.

Bald schon erreichen wir **Polle** an der Märchenstraße, wo seit 1995 Aschenputtel offiziell zu Hause ist. Kleine Fachwerkhäuser säumen die Gassen rund um den Burgberg – hier irgendwo könnte Aschenputtel in einem Hinterhof beim Sortieren von Erbsen und Linsen auf dem Boden gehockt haben, bevor sie zur Glamourprinzessin auf Zeit wurde. In den Sommermonaten erwacht das Märchen aus der Sammlung der Gebrüder Grimm auf der Bühne von Burg Polle zum Leben.

*Jeden dritten Sonntag im Monat (von Mai bis September) um 14.15 Uhr können Besucher in Polle – umsonst und draußen – auf der **Freilichtbühne** in die Welt von Aschenputtel eintauchen.*

Die **Burgruine Polle ❶** – 1285 erstmals erwähnt – war ehemals Sitz der Grafen von Everstein, die jahrhundertelang das Oberwesergebiet zwischen Hameln und Holzminden beherrschten. Sie thront auf einem

Kiosk am Wasser

Bergsporn hoch über dem Wesertal und ist ein herrlicher Aussichtspunkt. So stürmen wir, nachdem wir die Fahrräder gesichert haben, die Burg. Im Burghof erwarten uns schon Sitz- und Liegebänke für eine entspannte Pause und wir schauen von oben auf die Weser. Unbedingt lohnt die Besteigung des Bergfrieds, von wo der Blick noch weiter über das Wesertal reicht. Unter uns liegt die **Weserfähre Polle,** die in gemächlichem Tempo Radfahrer und das ein oder andere Auto ans andere Ufer bringt. Wir träumen uns zurück in die Glanzzeiten von Burg Polle und genießen Zeit für uns. Dann rollen wir zur Weser hinunter und nehmen Kurs auf die **Gierseilfähre ❷.**

Auf der anderen Weserseite radeln wir weiter durch eine Allee und zurück in Richtung Bodenwerder, immer dem Symbol des Radwegs folgend. Wir sind auf einem asphaltierten Wirtschaftsweg unterwegs, der sich mal nach rechts und mal nach links schlängelt. Unbedingt ab und zu umschauen – Burg Polle ist aus

__Gierseilfähren__ benötigen keinen eigenen Antrieb. Sie sind eine traditionelle und umweltfreundliche Alternative zur Motorfähre. Durch Schrägstellung gegen die Strömung giert das flache Fährboot am Hochseil entlang über den Fluss. Die Fährfahrt ist ein besonderes Erlebnis, dauert aber nur wenige Minuten.

der Ferne fast noch imposanter als aus der Nähe. Es geht durch die Felder mit Blick auf kleine Dörfer am Hang und am Wegesrand taucht der ein oder andere idyllische Picknickplatz auf.

Wer keine Brotzeit dabei hat, darf sich auf den **Weser-Imbiss** ❸ freuen, der rund 5 Kilometer hinter Polle in **Reileifzen** liegt. Ein so uriger wie sympathischer Foodtruck. Es gibt Bodenständiges wie Pommes und Wurst sowie leckeren, selbst gebackenen Kuchen. An Tischen direkt am Weserufer können wir uns stärken und eine ausgedehnte Pause genießen. Für Kinder gibt es einen kleinen Spielplatz und für alle, die sich noch nicht ausgepowert haben, ein Beachvolleyballfeld. Von hier sind es noch 13 Kilometer bis Bodenwerder.

Wenn man vergessen hat, den Akku für das E-Bike zu laden – 1 Kilometer hinter dem Kiosk führt die Personenfähre Grave zum Campingplatz mit E-Bike-

Weserufer

Baron Münchhausen

Ladestation. Ansonsten bleiben wir einfach auf dem Weserradweg, der hier durch eine idyllische Uferlandschaft führt. Immer wieder locken Bänke und Picknickplätze zum Entspannen. Im malerischen Weserbogen liegt der nette kleine Fachwerkort **Dölme 4**, auf der anderen Weserseite ragen die schroffen Felswände von Steinmühle auf, denen wir auf dem Hinweg schon ganz nahe gekommen sind. Hier zeigt sich die meist so sanfte Weserlandschaft auch mal dramatisch. Im Ort gibt es einen Kanuverleih für alle, die neben der Beinkraft ihre Armkraft trainieren wollen.

Wer sich noch nicht ausgepowert hat, macht von Bodenwerder einen Schlenker zum ***Wasserschloss*** *nach Daspe, das man nur von außen bewundern kann. Auf Gourmets wartet aber die schicke Schlosswirtschaft mit gehobener Küche und tollem Ambiente sowie einer Weserterrasse. www.die-schlosswirtschaft.de*

Entlang der Weser wurde in alten Zeiten flussaufwärts getreidelt – auf eigens dafür befestigten Treidelpfaden – wenn bei Windstille das Segeln nicht möglich war. Dann zogen Pferde oder Knechte an langen Leinen, die an Masten am Vorschiff befestigt waren. Ein Schiff von Bremen bis nach Hann. Münden zu ziehen, dauerte 18 Tage. Mit der Erfindung der Eisenbahn nahm die Bedeutung des Treidelns ab, denn auf Schienen ging der Transport natürlich wesentlich schneller.

Der Radweg führt im weiteren Verlauf vorbei an **Rühle 5**. Der idyllische Ortsteil von Bodenwerder, am Südhang des **Naturparks Solling-Vogler** mit seinen vielen Wanderwegen gelegen, lohnt einen Schlenker. Eine nette Kaffee-und-Kuchen-Adresse wartet an der Weser noch, bevor wir uns auf die letzte Etappe nach Bodenwerder machen: das **Strandcafé 6** am Campingplatz Rühler Schweiz. In der Münchhausenstadt angekommen, rollen wir über die Brücke auf die andere Seite der Weser. An der Promenade, wo auch die Weserschiffe anlegen, reihen sich etliche Lokale aneinander.

Im Naturpark Solling-Vogler

Die Abenteuer von Hieronymus Carl Freiherr von Münchhausen sind bekannt: Er band sein Pferd an einer Kirchturmspitze fest, ritt auf einer Kanonenkugel und reiste sogar zum Mond. Auch wenn die Geschichten der Fantasie entsprangen, den Baron gab es wirklich. Der Landadelige kam 1720 in Bodenwerder zur Welt, ansonsten weiß man über sein Leben relativ wenig. Er diente wohl als Page auf Schloss Bevern und später am Braunschweiger Hof in Wolfenbüttel. Nach Reisejahren kehrte er 1750 nach **Bodenwerder** zurück und gab in geselliger Runde gern Geschichten zum Besten, die noch zu Lebzeiten des Barons veröffentlicht wurden.

Es lohnt sich, in Bodenwerder den Spuren des „Lügenbarons" Münchhausen zu folgen. Zu Münchhausens Geburtshaus zum Beispiel, heute das Rathaus der Stadt. Die sogenannte Schulenburg, das älteste Gebäude der Stadt und einst Teil der mittelalterlichen Stadtbefestigung, ist heute **Münchhausen-Museum 7**, in dem eine Dauerausstellung das Leben und Wirken des Barons beleuchtet. Ein Brunnen im Stadtzentrum schließlich zeigt den legendären Ritt auf der Kanonenkugel.

Dann schwingen wir uns wieder auf die Räder für einen lohnenden Schlenker zur Abtei im Ortsteil **Kemnade**. In der **Abteikirche St. Marien 8**, die von der Weserpromenade aus ausgeschildert ist, fand Baron Münchhausen nämlich die letzte Ruhe. Sie wurde bereits Mitte des 11. Jahrhunderts geweiht und ist ein Prachtexemplar romanischer Baukunst – wohl das schönste Beispiel im Weserbergland – und beeindruckt durch die gotische Ausstattung. Schlicht dagegen ist das Grab des Meisters der Fabulierkunst, an das eine Grabplatte im Boden vor dem Altar erinnert. Jetzt können wir unsere Radtour bei einem Drink oder einer Stärkung an der Weserpromenade ausklingen lassen.

Auf den Stufen des Gutshauses werden im Sommerhalbjahr (von Mai bis Oktober) jeden ersten Sonntag im Monat um 15 Uhr die ***Erzählungen des Fabulierkünstlers Baron Münchhausen*** *lebendig.*

Münchhausen-Grab

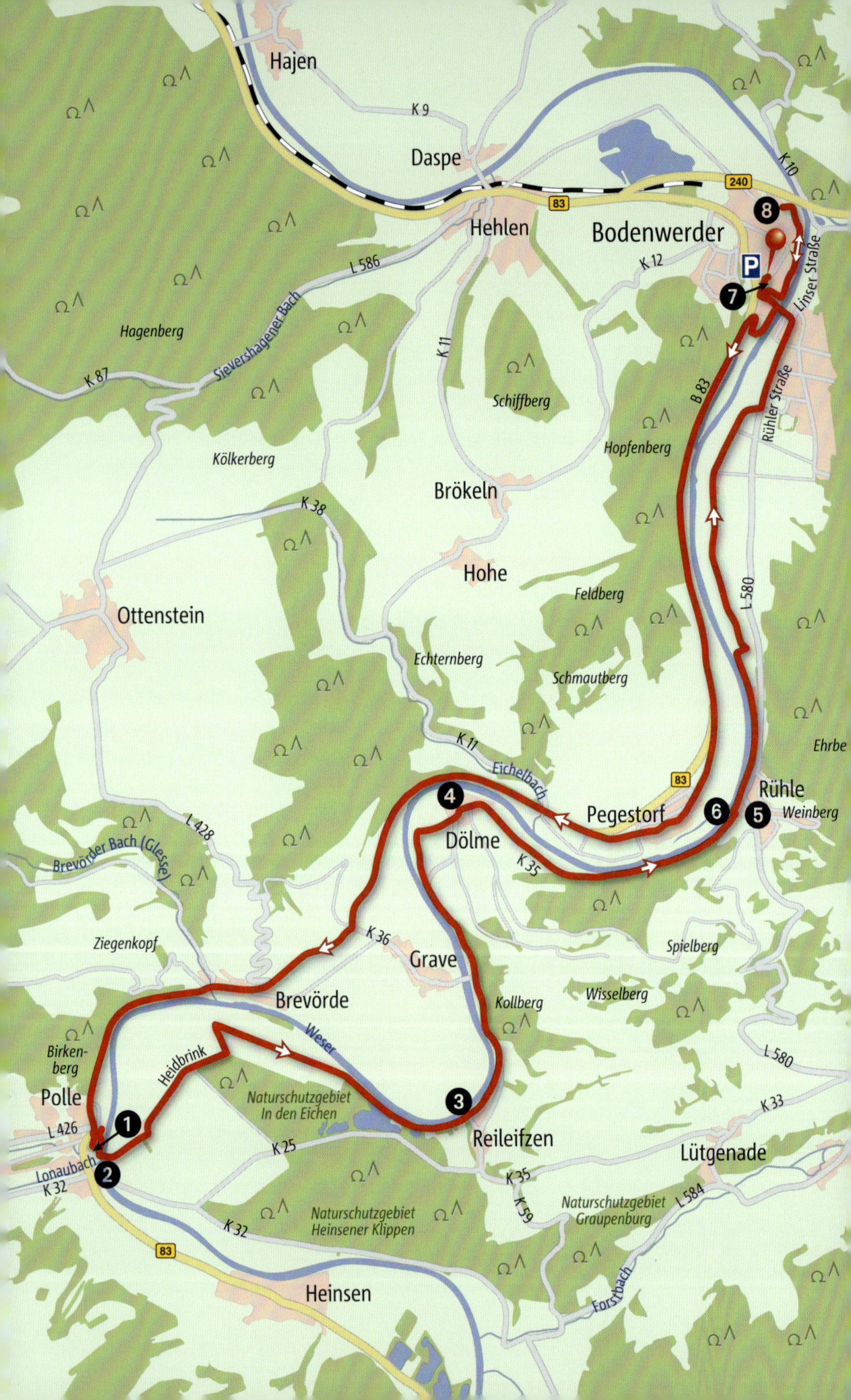

Hajen
K 9
Daspe
K 10
240
83
Hehlen
Bodenwerder
L 586
K 12
Linser Straße
Sievershagener Bach
Hagenberg
K 11
K 87
Schiffberg
B 83
Rühler Straße
Kölkerberg
Hopfenberg
Brökeln
K 38
Hohe
L 580
Feldberg
Ottenstein
Echternberg
Schmautberg
Ehrbe
K 11
Eichelbach
83
Rühle
Pegestorf
Weinberg
L 428
Dölme
Brevörder Bach (Glesse)
K 35
K 36
Ziegenkopf
Grave
Spielberg
Brevörde
Kollberg
Wisselberg
Weser
Birken-
berg
Heidbrink
L 580
Polle
Naturschutzgebiet
In den Eichen
K 33
L 426
K 25
Reileifzen
Lütgenade
Lonaubach
K 32
K 35
K 59
Naturschutzgebiet
Graupenburg
L 584
Naturschutzgebiet
Heinsener Klippen
K 32
83
Forstbach
Heinsen

Alles auf einen Blick

WIE & WANN:
Hauptsächlich asphaltierte Fahrradwege. Kurze Abschnitte entlang der Straße.
Beste Zeit: von Frühjahr bis Herbst.

HIN & WEG:
Auto: Parkplatz am Münchhausenplatz, 37619 Bodenwerder (GPS: 51.976639, 9.512834)
ÖPNV: Keine Anbindung an den öffentlichen Nahverkehr

ESSEN & ENTSPANNEN:
Weser-Imbiss ❸ Weser Straße, 37639 Reileifzen
Strandcafé ❻ Am Breitenstein 15, 37619 Bodenwerder,
Tel. (0 55 33) 28 27 oder (01 72) 7 02 09 51

Entspannung ★★★★☆
Genuss ★★★☆☆
Romantik ★★★★★

ENTDECKEN & ERLEBEN:
Burg Polle ❶ Fährstraße 1, 37647 Polle
Gierseilfähre ❷
Dölme ❹
Rühle ❺
Münchhausen-Museum ❼ Münchhausenplatz 1, 37619 Bodenwerder,
www.muenchhausen-museum-bodenwerder.de
Münchhausen-Grablege in der Abteikirche St. Marien ❽ Kirchplatz,
37619 Bodenwerder-Kemnade, www.klosterkirche-kemnade.de

Rapunzelturm

Von Karlshafen an der Weser führt diese naturschöne Tour durch das Diemeltal und unterwegs gibt es viel zu entdecken: zwei Burgen mit Ausblick, ein Wasserschloss, eine Klosterruine und mehr. Ein gutes Stück sind wir auf einer ehemaligen Bahntrasse unterwegs, wo das Radeln das reine Vergnügen ist. Während wir dort ganz entspannt dahinrollen, können wir Kraft sammeln für die kurzen Anstiege zur Krukenburg und zur Trendelburg. Und auch Genießer kommen auf ihre Kosten: In netten Lokalen können wir uns unterwegs und am Ende stärken. Kurz und gut: eine perfekte Halbtagestour, die nicht nur reichlich Panorama bietet, sondern auch wunderbar entschleunigt.

Im Burgenland

Von Karlshafen nach Trendelburg

In **Bad Karlshafen** starten wir am Hafen, radeln auf der Weserstraße vorbei an der Touristinfo stadtauswärts und biegen dann links in die Carlstraße in Richtung Helmarshausen ein. Vorbei geht es am Invalidenhaus, im frühen 18. Jahrhundert als Altersruhesitz für ehemalige Offiziere und Soldaten des hessischen Heeres erbaut, dann kurz links in die Gallantstraße und gleich wieder rechts in die Straße Unter dem Königsberg. Die Krukenburg, unser erstes Ziel, ist hier bereits ausgeschildert. Am nächsten Abzweig fahren wir nochmals rechts und auf einer Brücke über die **Diemel.** Dann biegen wir nach links ab und durchqueren die Siedlung. Ein Schlenker nach rechts auf die Bremer Straße, aber gleich am nächsten Abzweig geht es nach

Krukenburg

links und immer geradeaus in Richtung Krukenburg und Diemelhöhe.

Am **Waltersberg** (184 Meter) müssen wir ein bisschen strampeln, werden aber auch mit einer tollen Aussicht auf den Reinhardswald belohnt. Das Café, das hier einst die Besucher der Krukenburg zu Kaffee und Kuchen empfing, ist schon lange geschlossen, aber eine Bank und sogar ein Bücherschrank mit Lesestoff laden ein, sich niederzulassen und in aller Ruhe die Aussicht auf den Reinhardswald zu genießen. Es geht aber noch besser: Zur Linken radeln oder schieben wir ein kurzes Stück bergauf zur **Krukenburg ❶,** die ein echter Seelenplatz ist. Gegen ein kleines Eintrittsgeld öffnet sich wie ein „Sesam öffne dich" ein besonderer Ort für uns.

Auf dem Rücken des Waltersbergs liegen die Ruinen einer romantisch verfallenen Kirchenburg mit einer ungewöhnlichen Rundkirche. Die Pläne dafür brachte ein Abt des Klosters Helmarshausen, das wir gleich noch kennenlernen werden, von einer Pilgerreise aus Jerusalem mit. Eine besondere Aura umgibt das alte Gemäuer. Nach Lust und Laune besteigen wir den Bergfried für noch mehr Ausblick. Anschließend können wir uns im Kassenhäuschen mit Kaffee oder kühlen Getränken versorgen, es uns auf einer der Holzliegen auf dem Gelände bequem machen und Mußemomente genießen.

Vor dem (geschlossenen) Café zur Krukenburg führt ein Weg links relativ steil bergab. Am besten schieben wir unsere Räder und erreichen nach wenigen Minuten die Poststraße, die durch den Karlshafener Ortsteil **Helmarshausen** führt. Wir überqueren die Straße und stehen auf dem Gelände des **Klosters**

Für die Seele

Herrlicher Weitblick von gleich zwei Burgen, eine Begegnung mit Rapunzel und eine gemütliche Einkehr mit Kaffee und Kuchen im Wasserschloss.

Kloster Helmarshausen

Helmarshausen ❷. Die ehemalige Benediktinerabtei, im 10. Jahrhundert gegründet, war im Mittelalter berühmt für ihre Gold- und Silberschmiede und das Skriptorium, in dem Meisterwerke romanischer Buchmalerei entstanden. Daran erinnern die modernen Skulpturen von zwei Mönchen. Mit der Reformation wurde das Kloster aufgelöst und verfiel, den Grundriss der einstigen Klosterkirche zeichnen Steinplatten nach. Wie schon auf der Krukenburg oben können wir hier in Gedanken zurück ins Mittelalter reisen.

Nach einer kurzen Runde über das Gelände biegen wir rechts in die Poststraße ein, dann bald wieder links in die Mauerstraße und radeln durch den hübschen Ort. Am Ende der Straße geht es geradeaus über die Diemel. Rechts biegen wir ab in die Bahnhofstraße in Richtung Gewerbegebiet und gleich wieder rechts auf den **Breiten Weg,** der am Campingplatz entlangführt. Dann sind wir auch schon auf dem Radweg in

An der Diemel

Richtung Wülmersen und Hofgeismar, der durch das Tal der Diemel führt, die rechts von uns munter vor sich hin plätschert. Wunderbar entspannt rollen wir auf der alten Bahntrasse – ebenerdig und asphaltiert – dahin, die wir auf dem Rückweg noch würdigen wollen. Zur Pause lädt unterwegs der nett angelegte **Helmarshauser Diemelrastplatz** ❸ mit Picknicktisch und Holzliegen ein.

Immer geradeaus geht es weiter, bis wir vor dem **Wasserschloss Wülmersen** ❹ stehen, das idyllisch am Reinhardswald liegt. Die Geschichte des ehemaligen Ritterguts reicht bis ins frühe 12. Jahrhundert zurück, als die Ritter von Stockhausen hier residierten. Ab den 1980er-Jahren wurde das verfallene Gut wieder instandgesetzt und wird heute fleißig genutzt. In einem Standesamt kann in stilvollem Ambiente geheiratet werden und außerhalb der Ferienzeit verbringen viele Jugendliche hier Freizeiten. Im **Landmuseum** können

Café Mehlschwalbe

wir uns ein Bild vom Landleben anno dazumal machen und das **Café Mehlschwalbe** 5 lockt mit rustikalem Gastraum und einer von Blüten umrankten Terrasse. Bei Kaffee, selbst gebackenen Kuchen, kleinen deftigen Speisen oder Bauernhofeis können wir eine genussvolle Pause einlegen.

Nach der kleinen Auszeit geht es zurück zum Abzweig, hier nach rechts immer geradeaus – vorbei an einer **Straußenfarm** 6, wo seit einigen Jahren Afrikanische Blauhalsstrauße leben und auf der Weide bewundert werden können. Im Hofladen kann man Produkte vom Vogel Strauß erwerben. Wir folgen weiter dem Radwegsymbol und nun geht es auf einem Schotterweg durch den Wald. Wenn wir an eine Ansammlung von Wegweisern kommen, fahren wir rechts, dem Hinweis nach Trendelburg über Stammen folgend. Sobald sich der Weg an einem großen Baum gabelt, biegen wir nach links ab. Es folgt eine knackige Steigung durch den Wald, die mit dem E-Bike aber gut zu bewältigen ist. Beim nächsten Abzweig geht es rechts auf einen Weg, den mächtige alte Eichen säumen. Tief durchatmen, den Duft des Waldes einsaugen und die Stille genießen! Bei einer Schutzhütte schließlich biegen wir links ab, radeln noch einmal um die Kurve und schon können wir den Turm der Trendelburg in der Ferne erspähen.

*Im Café kann man gegen eine kleine Gebühr **AudioGuides** ausleihen, die zu einem geführten Spaziergang über das Rittergut einladen. Eine Schauspielerin entführt Besucher in einem Hörspaziergang in die Vergangenheit.*

Straußenfarm

Im gleichnamigen Ort angekommen, überqueren wir die Diemel und folgen dem Hinweis zum Burg-

hotel bergauf. Ein Fall für den Turbomodus unserer E-Bikes. Wer ohne Motor unterwegs ist, wird hier vermutlich schieben müssen. Aber der Anstieg ist glücklicherweise nicht lang. Die **Trendelburg** 7 ist ein Burghotel mit feinem Restaurant, das nur abends geöffnet ist. Aber an der Rezeption können wir Tickets für das Besteigen des einstigen Bergfrieds kaufen. Ein langer Zopf hängt aus dem Turmfenster – kein Zweifel, das muss das Gefängnis der schönen Rapunzel sein, zu der der in Liebe entbrannte Königssohn an ihrem Zopf emporkletterte. Schließlich sind wir auf der **Märchenstraße** unterwegs. Heutige Besucher nehmen ganz unromantisch die steilen Stiegen nach oben zur Aussichtsplattform. Die Anstrengung lohnt sich: Von oben liegen uns Reinhardswald, mehrere Rittergüter

Innenhof Trendelburg

und der Fachwerkort Trendelburg zu Füßen. Nach dem Burg-Intermezzo unbedingt eine Runde durch den Ort einplanen. Die gotische **Marienkirche ⑧** mit ihren monumentalen Wandmalereien lohnt einen Besuch, eine weitere Fotoschönheit liegt mit dem Fachwerkrathaus gleich nebenan. Ein paar Schritte weiter kann man im netten Garten des **Dorfgasthauses Brandner ⑨** Hunger und Durst stillen.

Wir lassen uns nach dem Ortsspaziergang wieder abwärts zur Diemel rollen, überqueren den Fluss und nehmen zunächst den Weg, auf dem wir gekommen sind. Im Vorbeifahren lohnt ein Blick auf das ehemalige **Rittergut Abgunst ⑩,** in dem heute Wohnungen eingerichtet sind. Am Eingang erläutert eine Tafel die Geschichte des Anwesens der Familie von Stockhausen.

Wir folgen nun dem Radwegsymbol links in Richtung Schwimmbad und weiter Richtung Wülmersen,

Marienkirche

Der **Carlsbahntunnel** (auch Deiseler Tunnel oder Trendelburg-Tunnel genannt), 1846 bis 1847 erbaut, ist der älteste Eisenbahntunnel Hessens. Seit 2014 führt ein Rad- und Wanderweg durch das Kulturdenkmal.

wo im Sommer Abkühlung lockt. Auf der Bahntrasse der ehemaligen **Carlsbahn,** die ab 1848 Hümme mit Bad Karlshafen verband, geht es wie auf dem Hinweg wunderbar entspannt durch Wald und Diemeltal – allerdings auf der anderen Seite um den Brautstein (209 Meter) herum. Nachdem die Bahn 1986 stillgelegt worden war, wurde sie Teil des Diemelradwegs. Wenn wir an Ruhebänken vorbeikommen, weist rechts ein Schild zum **Tunnel Carlsbahn ⓫.** Lust auf eine Tunneldurchquerung? Dann müssen wir ein kurzes Stück bergauf schieben.

Alternativ geht es bequem auf der Trasse weiter nach Wülmersen. Ein kleines Abenteuer ist die Fahrt durch den schwach beleuchteten Tunnel auf jeden Fall – und ein Muss für Eisenbahnfans. Haben wir ihn passiert, sind wir auch schon bald wieder in **Wülmersen.**

Rittergut Abgunst

An der Kreuzung nehmen wir den Weg, auf dem wir auch schon gekommen sind. Er ist nach Hofgeismar ausgeschildert, was uns nicht irritieren sollte. In **Helmarshausen** angekommen, fahren wir diesmal nicht über die Burg, sondern rechts ab in Richtung Jugendherberge. Dann geht es gleich wieder links auf den Fahrradweg entlang der Diemel, die uns erneut ein gutes Stück begleitet. Nach wenigen Minuten tauchen die ersten Häuser von **Bad Karlshafen** auf und an der ersten Kreuzung biegen wir links ab zur Innenstadt.

Tunnel Carlsbahn

Dort angekommen lohnt unbedingt ein Spaziergang rund um den **Hafen ⓬** der barocken Musterstadt. Landgraf Carl von Hessen-Kassel, der Gründer von Bad Karlshafen, hatte große Pläne und wollte die kleine Stadt über einen Kanal mit dem Rhein verbinden. Sehr weit kam er nicht. Aber immerhin ist der Hafen seit 2009 wieder befahrbar und kleine Sportboote ankern hier. Ein schönes Bild. Auf einer Seite des Hafens liegt das **Rathaus** mit einem kleinen Rosengarten im Hinterhof. Auf der anderen Seite hielt das **Hugenottenmuseum** in der ehemaligen Tabakfabrik Einzug.

*Das **Hugenottenmuseum** erinnert an die französischen Glaubensflüchtlinge, die vor rund 300 Jahren in Bad Karlshafen Aufnahme fanden. www.hugenottenmuseum.de*

Jetzt dürfen wir mit gutem Gewissen faul sein und auf der Weserpromenade auf und ab spazieren, ein Eis schlecken oder zum Beispiel im Restaurant **Zum Weserdampfschiff ⓭** mit gepflegter Küche auf der Weserterrasse einkehren. Erholung der ganz anderen Art wartet in der **Wesertherme ⓮**, wo beim Schwimmen im wohlig warmen Thermalwasser müde Muskeln garantiert wieder munter werden.

Würgassen
83
Weser
14
80
13
P
Bad Karlshafen
12
Sieburg
Herstelle
Kolonie Nollendorf
Sonnenweg
Graseweg
1
Waltersberg
Roter Berg
2
K 76
Hainbach
Helmarshausen
K 72
83
Diemelauen
Höllebach
K 75
3
Diemel
Wülmersen
5
4
6
Steinkopf
Mähebruch
Forellenbach
Holzape
Deisel
11
Holzapetal
Flohrbach
Brautstein
Sülzer Berg
Zur Abgunst
Sonder
10
Friedrichsfeld
9
7
8
L 763
Sauerbach
Trendelburg

Alles auf einen Blick

WIE & WANN:

Hauptsächlich asphaltierte und geschotterte Fahrradwege und Waldwege.
Beste Zeit: von Frühjahr bis Herbst.

HIN & WEG:

Auto: Wanderparkplatz An der Schlagd, 34385 Bad Karlshafen (GPS: 51.642541, 9.449935)
ÖPNV: RB 85 aus Paderborn, Göttingen bis Bf. Bad Karlshafen

ESSEN & ENTSPANNEN:

Café Mehlschwalbe ❺ Wasserschloss Wülmersen, 34388 Trendelburg, Tel. (0 56 75) 7 21 08 16, www.mehlschwalbe-cafe.de
Gasthaus Brandner ❾ Am Rathaus 5, 34388 Trendelburg, Tel. (0 56 75) 97 78, www.gasthaus-brandner.de

Entspannung ★★★★★
Genuss ★★★★☆
Romantik ★★★★★

Zum Weserdampfschiff ⓭ Weserstraße 25, 34385 Bad Karlshafen, Tel. (0 56 72) 24 25, www.zumweserdampfschiff.de

ENTDECKEN & ERLEBEN:

Krukenburg ❶ Am Krukenberg 5 a, 34385 Bad Karlshafen
Kloster Helmarshausen ❷ Poststraße 6, 34385 Bad Karlshafen
Diemelrastplatz ❸
Wasserschloss Wülmersen ❹ Wülmersen, 34388 Trendelburg, www.wasserschloss-wuelmersen.de
Straußenfarm ❻ Wülmersen 6, 34388 Trendelburg
Burghotel Trendelburg ❼ Steinweg 1, 34388 Trendelburg, www.burg-hotel-trendelburg.com
Marienkirche ❽ 34388 Trendelburg
Rittergut Abgunst ❿ **Eisenbahntunnel Carlsbahn** ⓫
Barockhafen ⓬ 34385 Bad Karlshafen
Wesertherme ⓮ Kurpromenade 1, 34385 Bad Karlshafen, www.wesertherme.de

- 47 Kilometer
- 40 Höhenmeter
- 3 Stunden
- Rundtour

Die Radtour zu beiden Seiten der Weser, die in Höxter (oder wahlweise in Bad Karlshafen) startet, passiert drei Bundesländer: Westfalen, Niedersachsen und Hessen. Aussichtsreich ist sie an mehreren Stationen, von denen eine ein Extraschlenker ist, der ein bisschen Beinkraft erfordert, aber zum vielleicht besten Weserblick der Region einlädt. Wem die Tour zu lang ist – die Runde kann an mehreren Stellen mittels Brücke oder Gierseilfähre abgekürzt werden. Noch schöner: Von Bad Karlshafen (oder alternativ von Höxter) mit dem Weserschiff zurückfahren.

Wir starten in **Höxter** an der Weserbrücke, auf der wir die Weser überqueren. Dann geht es gleich hinter der Brücke rechts auf den Weserradweg in Richtung

Drei-Länder-Tour

Von Höxter nach Bad Karlshafen

Boffzen – vorbei am Freibad, am Campingplatz, an Feldern und Blumenwiesen. Schon mal ein naturschöner Einstieg. Der Radweg führt am Ortsrand von **Boffzen** vorbei, wo ein Verein ein cooles Projekt gegen das Gastrosterben ins Leben rief: Die **Boffzer Bude** **1** bietet am Wochenende Getränke und Snacks direkt an der Weser. Stundenlang könnte man dort im Liegestuhl am Ufer sitzen und einfach nur schauen und genießen. Aber wir haben ja noch ein Stück Weg vor uns.

Boffzen

Panoramatour 8

Blick von Schloss Fürstenberg

Museum Schloss Fürstenberg

Wir folgen dem Weserradweg über den Burgweg nach **Fürstenberg.** Ein bisschen strampeln müssen wir bergauf, dafür erwartet uns eine tolle Aussicht aufs Wesertal vor dem Schloss Fürstenberg, das heute **Museum Schloss Fürstenberg** ❷ ist und ein kultureller Höhepunkt unserer Tour. Das gekrönte blaue „F" – das Markenzeichen der Porzellanmanufaktur Fürstenberg – steht seit mehr als 275 Jahren für Porzellankunst auf höchstem Niveau. In der Manufaktur wird das Edelporzellan nach wie vor gefertigt, das Museum im Schloss erzählt spannend

Porzellan

Für die Seele

Eine wunderbare Reise durch die Porzellangeschichte, immer wieder herrliche Weserlandschaften mit tollen Ausblicken und zum Finale Badepause am See.

Porzellangeschichte von den Anfängen bis heute und präsentiert Porzellanmoden aus mehreren Jahrhunderten.

Das Shopping im Fabrikverkauf nebenan müssen wir allerdings verschieben – Porzellantransport auf dem Fahrrad ist schließlich eine heikle Sache.

Nun geht es erst mal bergab und wir genießen an warmen Sommertagen den kühlen Fahrtwind. Der Weg führt zunächst ein Stück entlang der Straße, aber bald schon rauschen wir auf dem Radweg durch Kornfelder, deren Ähren sich im Hochsommer im Wind wiegen. Nach wenigen Minuten kommen wir am **Restaurant-Café Eulenkrug** ❸ vorbei. Lust auf eine erste Stärkung?

*Auf Befehl von Herzog Carl I. wurde die **Porzellanmanufaktur** in Fürstenberg am 11. Januar 1747 gegründet und ist die zweitälteste Porzellanmanufaktur im deutschsprachigen Raum, die nach wie vor produziert.*

Wir radeln – immer dem Radwegsymbol folgend – rechts zur Weser hinunter und dann links auf den Fahrradweg, der nun idyllisch am Fluss entlangführt. Bestimmt treibt das ein oder andere Kanu vorbei. Im Hintergrund spannt sich eine alte Eisenbahnbrücke über die Weser – ein Stück Industriekultur. An einem Abzweig biegen wir nach rechts ab, fahren leicht abwärts nach **Meinbrexen** und radeln durch den kleinen Ort mit Wasserschloss, charaktervoller Kirche und ein paar hübschen Fachwerkhäusern. Berühmt ist Meinbrexen für seine Erdbeerfelder, die zur Erntezeit verführerisch duften. An einem Kiosk können wir uns mit frischen Früchten zum Naschen eindecken. Wir folgen den Hinweisen nach Bad Karlshafen bzw. dem Symbol des Radwegs. Bevor wir **Lauenförde** erreichen, macht der Radweg eine Parallelverschiebung, das heißt, die Straße macht hier einen Bogen und führt parallel zum ursprünglichen Weg weiter. Neben hübschen Fachwerkhäusern bietet der Ort auch das

Auf dem Weserradweg

Würgassen

Kragstuhlmuseum Tecta ④, einen Ort für modernes Design, in dem sich alles um das schwerelose Sitzen dreht.

Vorbei geht es am Campingplatz Dreiländereck mit Jachthafen – ein erster Hinweis, dass sich in der Region drei Bundesländer treffen. In **Würgassen** sind wir wieder direkt an der Weser, wo eine Fähre über den Fluss führt, die wir auf dem Rückweg nehmen werden. Im **Gasthof Alte Linde ⑤** können wir im schattigen Biergarten Mittagspause machen. Es laden aber auch Liegestühle am Wasser dazu ein, die Brotzeit auszupacken und mit Weserblick zu genießen. Wer eine kleine Wanderung einschieben möchte: Ein Wanderweg (2 Kilometer) führt zum **Weser-Skywalk ⑥,** einer Aussichtsplattform, die sich 80 Meter über der Weser erhebt, jederzeit frei zugänglich ist und den vielleicht schönsten Weserblick aus luftiger Höhe bietet. Alternativ können wir den Skywalk von Bad Karlshafen aus auch mit dem Fahrrad erreichen.

Nach der genussvollen Pause geht es in Richtung Fähranleger und gleich links auf den Fahrradweg. Wer Bad Karlshafen schon kennt, hätte hier die Möglich-

*Die **Hannoverschen Klippen** bei Würgassen sind eine Gruppe von sieben Felsklippen aus Wesersandstein, die sich bis zu 75 Meter am Nordufer der Weser in die Höhe recken. Den spektakulären Ausblick des Weser-Skywalks erreicht man vom Parkplatz über einen Treppenweg.*

Aussicht vom Weser-Skywalk

keit abzukürzen, mit der Gierseilfähre die Weser zu überqueren und die Rückfahrt anzutreten.

Gleich zu Beginn der letzten Etappe vor Bad Karlshafen erinnert der **Dreiländerstein** ❼ an das Zusammentreffen der drei Bundesländer Nordrhein-Westfalen, Niedersachsen und Hessen. Nun radeln wir an den **Hannoverschen Klippen** ❽ entlang, die sich mächtig am Nordufer der Weser erheben. Auf dem höchsten thront der **Weser-Skywalk,** der sich wagemutig über die Klippen schiebt. Dann Endspurt nach Bad Karlshafen, wo bald hinter dem Bahnhof die Straße zum Skywalk abgeht. Ein Schlenker von 2,2 Kilometern mit einigen Höhemetern, der aber an klaren Tagen genialen Ausblick garantiert. Wer auf den Abstecher verzichtet, fährt direkt über die Weserbrücke in den Ort. Bevor wir zum gemütlichen Teil übergehen, schauen wir uns den **Binnenhafen** ❾ der barocken Planstadt an, den prächtige Bauten umgeben. Wir radeln einmal rundherum und schauen uns vielleicht im Rathaus das Modell der Stadt an,

Dreiländerstein

wie Carl Landgraf zu Hessen sie einst plante. Im Hinterhof liegt versteckt ein Rosengarten, der zur Zeit der Rosenblüte zu einer Schnupperrunde einlädt. Auch das **Hugenottenmuseum,** das von den Glaubensflüchtlingen aus Frankreich erzählt, ist in der ehemaligen Tabakfabrik einen Besuch wert. Dann lockt die Weserpromenade mit ihren Lokalen vom Eiscafé bis zum Restaurant **Zum Weserdampfschiff** ⑩ mit aussichtsreicher Weserterrasse, wo gehobene Regionalküche auf den Tisch kommt.

Wer lieber mehr Zeit in Karlshafen verbringen möchte – vielleicht in der **Wesertherme** ⑪ –, kann mit dem Schiff von hier ganz gemütlich zurück nach Höxter gleiten. Radler sind an Bord gern gesehen. Allerdings sollte man, wenn man eine Schifffahrt plant, vorher rechtzeitig einen Blick auf den Fahrplan werfen (www.flotte-weser.de/fahrplan/bad-karlshafen.html).

Wer doch den Rückweg im Sattel zurücklegen möchte, fährt wieder über die Weser und radelt auf schon bekanntem Weg nach **Würgassen.** Dort winken wir dem Fährmann und lassen uns mit der **Gierseilfähre** ⑫ übersetzen nach Herstelle. Ein Schlenker führt

Bad Karlshafen

zur **Abtei vom Heiligen Kreuz ⑬,** wo immer noch Klosterfrauen leben, die im Klosterladen schönes Kunsthandwerk aus eigener Produktion verkaufen. Aus erhöhter Lage haben wir einen wunderbaren Blick auf Ort und Fluss. Ohne den Abstecher spart man einige Höhenmeter und radelt immer an der Weser entlang, wo immer wieder Ruheplätze zum Sitzen und Schauen einladen.

Wenn wir kurz vor Beverungen die Bever überqueren, die hier in die Weser mündet, liegt rechter Hand eine Kneipptretanlage, wo wir unseren Waden einen Frischekick gönnen können. Dann liegt die Weserstadt **Beverungen** auch schon vor uns. Wir unterqueren die Weserbrücke und legen nach Lust und Laune eine Pause an der hübsch angelegten Promenade mit kleinem Outdoor-Fitessstudio und vielen Bänken ein. Ein Schlenker führt ins Ortszentrum, wo am **Kellerplatz** mit dem **Cord-Holstein-Haus** eines der schönsten Fachwerkhäuser weit und breit liegt.

Schloss Wehrden

Weiter geht es immer geradeaus nach **Wehrden.** Vom Radweg ist der Weg zum **Schloss Wehrden** ⓮ ausgeschildert, der auch für Radler geeignet ist. Das Schloss aus dem späten 17. Jahrhundert ist in Privatbesitz, aber der **Neue Park,** der im Stil eines englischen Landschaftsgartens gestaltet wurde und sich bis zur Weser zieht, steht Besuchern offen. Hier parken wir unsere Räder und können beim Flanieren ein bisschen in die Welt des Landadels von anno dazumal eintauchen. Durch geschickt angeordnete Baumgruppen entstanden Sichtachsen auf das Schloss und den **Droste-Hülshoff-Turm,** benannt nach der westfälischen Dichterin, die dort gern wohnte, wenn sie ihre Tante besuchte.

Droste-Hülshoff-Turm

In Wehrden legt die Personenfähre „Flotte Weser" an, die nicht in unsere Richtung fährt, aber am Anleger lädt das **Gasthaus Fährklause** ⓯ mit Weserterrasse zu Erfrischungen und Stärkungen ein. Dann radeln wir weiter entspannt auf dem Radweg dahin, überqueren die Nethe, die in die Weser mündet, und erreichen bald die **Godelheimer Seenplatte** ⓰**.** Ehemalige Kiesgruben wurden hier renaturiert und sind heute vielbesuchte Baggerseen – ein kleines Freizeitparadies, wo an warmen Sommertagen Badefreuden locken. Die ersten Seen sind umringt von Dauercampern, bieten aber für alle Tretbootverleih und ein schwimmendes Restaurant. Der letzte See ist ein Erholungsgebiet für alle, mit einer feinsandigen Badebucht, dem **Restaurant Strandgut** ⓱ und einem Kiosk mit Liegestühlen und Aussicht. Ein herrlicher Platz für einen Sprung ins Wasser oder auch nur einen Drink.

Auf zum Finale! Wenn wir die Weserbrücke erspähen, liegt die Fachwerkstatt Höxter, schon vor uns und der Kreis schließt sich. Für einen entspannten Bummel durch die Altstadt bleibt sicher noch Zeit.

Besonders schön ist der ***Neue Park****, wenn Magnolien und Tulpenbäume blühen. Ein Star ist aber auch die rund 160 Jahre alte Süntelbuche – eine Buchenart mit charakteristischem Krüppelwuchs.*

Freizeitanlage Höxter-Godelheim

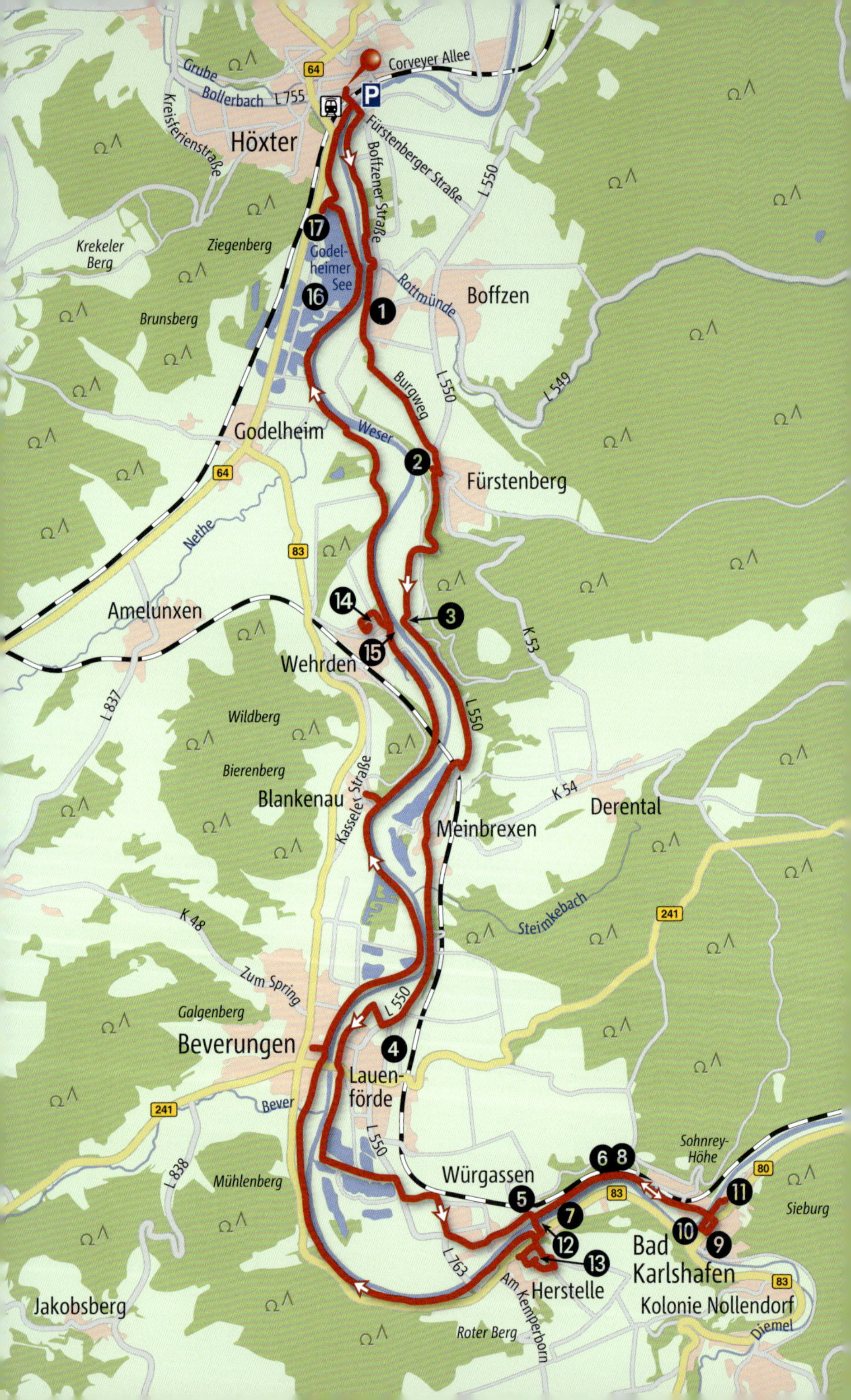

Corveyer Allee
Grube
Bollerbach
L 755
64
P
Kreisferienstraße
Höxter
Fürstenberger Straße
Boffzener Straße
L 550
Krekeler Berg
Ziegenberg
17
Godelheimer See
16
Rottmünde
Boffzen
1
Brunsberg
Burgweg
L 550
L 549
Weser
Godelheim
2
Fürstenberg
64
Nethe
83
Amelunxen
14
3
15
Wehrden
K 53
L 837
L 550
Wildberg
Bierenberg
Blankenau
Kasseler Straße
K 54
Derental
Meinbrexen
241
Steimkebach
K 48
Zum Spring
L 550
Galgenberg
Beverungen
4
Lauenförde
241
Bever
L 550
L 838
Mühlenberg
Würgassen
6
8
Sohnrey-Höhe
80
11
Sieburg
5
83
7
10
12
9
Bad Karlshafen
13
L 763
Herstelle
Am Kemperborn
83
Jakobsberg
Kolonie Nollendorf
Diemel
Roter Berg

Alles auf einen Blick

WIE & WANN:

Fast ausschließlich befestigte Fahrradwege, einige Passagen entlang der Straße.
Beste Zeit: von Frühjahr bis Herbst.

HIN & WEG:

Auto: Parkplatz Floßplatz, Am Brückfeld 3, 37671 Höxter (GPS: 51.772877, 9.385633)
ÖPNV: NWB RB 84 aus Paderborn und Holzminden bis Bf. Höxter

ESSEN & ENTSPANNEN:

Boffzer Bude ❶ Untere Dorfstraße 18, 37691 Boffzen, www.boffzen-aktiv.de
Restaurant-Café Eulenkrug ❸ Eulenkrug 1, 37691 Eulenkrug, Tel. (0 52 73) 71 00, www.eulenkrug.de
Landgasthof Alte Linde ❺ Würrigser Straße 4, 37688 Beverungen-Würgassen, Tel. (0 52 73) 37 51 40, www.alte-linde.de

Entspannung ★★★★☆
Genuss ★★★★☆
Romantik ★★★★☆

Zum Weserdampfschiff ❿ Weserstraße 25, 34385 Bad Karlshafen, Tel. (0 56 72) 24 25, www.zumweserdampfschiff.de
Gasthaus Fährklause ⓯ Weredunstraße 2 a, 37688 Beverungen, Tel. (0 52 73) 2 26 90 00
Restaurant Strandgut ⓱ Godelheimer Straße 33, 37671 Höxter, Tel. (0 52 71) 3 91 06 10, www.strandgut-hoexter.com

ENTDECKEN & ERLEBEN:

Museum Schloss Fürstenberg ❷ Meinbrexener Straße 2, 37699 Fürstenberg, Tel. (0 52 71) 96 67 78 10, www.fuerstenberg-schloss.com
Tecta Kragstuhlmuseum ❹ Sohnreystraße 8, 37697 Lauenförde, www.kragstuhlmuseum.de
Weser-Skywalk ❻ **Dreiländerstein** ❼ **Hannoversche Klippen** ❽
Binnenhafen ❾ 34385 Bad Karlshafen
Wesertherme ⓫ Kurpromenade 1, 34385 Bad Karlshafen **Gierseilfähre** ⓬
Abtei vom Heiligen Kreuz ⓭ Carolus-Magnus-Straße 9, 37688 Beverungen-Herstelle, www.abtei-herstelle.de
Schloss Wehrden ⓮ **Godelheimer Seenplatte** ⓰

Schloss Bückeburg
46,3 Kilometer
380 Höhenmeter
3,5 Stunden
Rundtour

Eine aussichtsreiche Runde mit vielen Höhepunkten – auch im Wortsinn. Ausgangspunkt und Endpunkt ist die Weserstadt Minden, von wo es weitergeht zu einem beeindruckenden Stück Industriekultur, dem Weserkreuz am Mittellandkanal. Rund um Schloss Bückeburg tauchen wir dann in die Welt des Adels ein. Anschließend geht es noch hoch hinaus: Vom Kaiser-Wilhelm-Denkmal in Porta Westfalica liegt Besuchern das Wesertal zu Füßen. An der Weser entlang fahren wir zurück nach Minden.

Ausgangspunkt der Tour sind entweder der Bahnhof von **Minden** oder der Großparkplatz Kanzlers Weide. Vom Bahnhof radeln wir auf der Kaiserstraße in Richtung Weser und biegen nach links in die Uferstra-

Kaiserlich!

Von Minden zur Porta Westfalica

ße zum Parkplatz ein. Dort liegt die **Glacisbrücke** ❶ direkt vor uns – eine luftige Hängebrücke über die Weser für Fußgänger und Radfahrer. Von oben genießen wir schon mal den herrlichen Blick auf Fluss, Schiffmühle und die Porta Westfalica mit dem Kaiser-Wilhelm-Denkmal in der Ferne und dürfen uns freuen: Das alles werden wir im Laufe unserer Tour noch kennenlernen.

Glacisbrücke

Das Stadtzentrum von Minden liegt auf der anderen Weserseite und für eine kurze Runde durch die Weserstadt Minden folgen wir den Hinweisen zum Dom. Entspannt

bummeln wir durch die Gassen der Altstadt mit ihren geschmückten Fachwerk- und Sandsteinhäusern, die fast wie ein Freilichtmuseum des 17. Jahrhunderts wirken. Auch der **Dom 2,** eine mächtige gotische Hallenkirche, lohnt unbedingt einen Besuch.

*Der **Mindener Dom** war die Bischofskirche des um 800 von Karl dem Großen gegründeten Bistums Minden. 1186 schlossen dort Heinrich der Löwe und die erst zwölfjährige Mathilda von England den Bund der Ehe.*

Über die Straßen Klausenwall, Grimperwall und Schlagde geht es auf den Radweg entlang der Weser, in **Richtung Petershagen –** unter der Eisenbahnbrücke und der Gustav-Heinemann-Brücke hindurch zum Mittellandkanal, der mit 325,3 Kilometern Länge die längste künstliche Wasserstraße Deutschlands ist. Die Wasserstraßenverbindung zwischen Rhein, Weser und Elbe wurde zu Beginn des 20. Jahrhunderts erbaut. Wir radeln am Hauptpumpwerk vorbei, das Weserwasser in den Mittellandkanal einspeist und bereits zwischen 1912 und 1914 errichtet wurde.

Dann liegt ein wahrlich beeindruckendes Monument vor uns: Europas größtes **Wasserstraßenkreuz 3.** Eine trogähnliche Brücke (341 Meter) führt den Mittellandkanal hier über die Weser. Sein Spiegel liegt rund 13 Meter über dem des Flusses, der mit dem Kanal über zwei kurze Verbindungskanäle mit Schleusen verbunden ist. Die 1915 eröffnete erste Brücke wurde 1998 durch eine zweite Brücke mit größerem Profil ergänzt, um auch den modernen Großmotorschiffen die Passage zu ermöglichen. Die alte Brücke ist seither Sportbooten vorbehalten.

Wir nehmen uns Zeit, um dem Schiffsverkehr zuzuschauen. Von der Kanalbrücke haben wir außerdem einen tollen Fotoblick auf die Weser und das alte Pumpwerk. Genug gesehen? Dann radeln wir zurück auf den Weserradweg – unter der Brücke hindurch und dahinter gleich wieder links hoch, um auf die andere Seite des Kanals zu gelangen. „Wasserstraßenkreuz Minden, Besucherroute" ist ausgeschildert. Wir

Für die Seele

Schiffe gucken am Mittellandkanal, Genussmomente für alle Sinne rund um das Renaissanceschloss Bückeburg und zum Schluss Weitblick vom Kaiser Wilhelm.

Mindener Dom

Am Mittellandkanal

fahren links immer am Kanal entlang, wo meist einige Frachtschiffe ankern. Dann überqueren wir eine Straßenbrücke und rollen direkt dahinter abwärts, lassen den Kanal hinter uns und fahren links auf der Karlstraße unter der Brücke hindurch.

Nach etwa 300 Metern biegen wir links in die **Bodestraße** ab und durchqueren eine Siedlung. Bald schon geht es wieder links ab auf die schmale Werrestraße, einen Schotterweg, der zwischen Getreidefeldern hindurchführt. Die Werrestraße mündet in die Neckarstraße, der wir nach links folgen. Auf der Mainstraße geht es dann unter der Kanalbrücke hindurch und geradeaus entlang der **Cammerstraße** in Richtung Cammer. Wir durchqueren den Ort mit seinen traditionellen Bauernhäusern und radeln im Frühjahr vorbei an blühenden Rapsfeldern. Eine ländliche Idylle. An der nächsten Kreuzung biegen wir auf die **Meisener Straße** nach Meisen ab und überqueren noch einmal den Kanal.

In **Meisen** nehmen wir rechts den Abzweig in die Straße An der Tränke und fahren schnurgerade durch eine stille Bauernlandschaft, in der sich Vögel sichtbar wohlfühlen. Mit ein bisschen Glück sehen wir Störche über die Felder spazieren. Was für ein majestätischer Anblick! Wir folgen nun immer den Hinweisen nach Bückeburg und rechts erhebt sich schon das Kaiser-Wilhelm-Denkmal über der Porta Westfalica (Westfälische Pforte), unserem übernächsten Ziel. Auf der **Retholzstraße** geht es nach links und gleich wieder nach rechts, bis wir auf der Lehnstraße auf Bückeburg zuradeln.

Immer dem Radweg folgend erreichen wir bald Bahngleise und sind schon in der Kleinstadt **Bückeburg.** Wir lassen den Bahnhof rechts liegen und fahren auf der Bahnhofstraße direkt auf den Rathausplatz zu, an dem sich das Tor zum Schloss öffnet.

*Wer sich mehr für Technik als für Schlösser interessiert, erfährt im **Bückeburger Hubschraubermuseum** in der Altstadt alles über die Entwicklung der Vertikalflugtechnik.*

Rathausplatz Bückeburg

Schloss Bückeburg

In der alten Residenzstadt, die gegen 1300 rund um eine Wasserburg herum entstand, dreht sich seit eh und je alles um das Fürstenhaus zu Schaumburg-Lippe. Graf Ernst zu Holstein-Schaumburg verlegte 1601 seinen Regierungssitz von Stadthagen nach Bückeburg und ließ die Burg zu einem prunkvollen Schloss im Stil der Weserrenaissance ausbauen, das bis heute Sitz des Fürstenhauses ist. Hausherr ist derzeit Alexander Fürst zu Schaumburg-Lippe, der sein prächtiges 250-Zimmer-Schloss zu vermarkten versteht.

Erst mal einkehren? Rund um das romantische **Schloss Bückeburg** ❹ – eine wahre Schönheit in Ockergelb – locken bei schönem Wetter ein Pavillon oder die Schlossterrasse. Ansonsten ist das **Café in der ehemaligen Schlossküche** ❺ ein stilvoller Platz für Kaffee und Kuchen oder für das Mittagessen. Anschließend können wir auf unterschiedlichen Führungen das Schloss kennenlernen und erfahren, wie es sich im Renaissanceambiente lebt(e).

Im 18. Jahrhundert war Bückeburg eines der bedeutendsten Reitkunstzentren Europas. Inzwischen ist die ***Fürstliche Hofreitschule*** *wieder geöffnet und bei Vorführungen sowie beim öffentlichen Training können Besucher die Reitkunst aus Renaissance und Barock erleben.*

Nach der genussvollen Pause – mit oder ohne Schlossbesichtigung – geht es nach links in den **Schlosspark 6** im Stil eines englischen Landschaftsgartens, wo wir unsere Räder schieben müssen und nach Lust und Laune die Gartenpracht auf einer Parkbank auf uns wirken lassen. Von der Rückseite erkennt man, dass Schloss Bückeburg tatsächlich ein Wasserschloss ist. Zauberhaft ist der Blick über den Wassergraben, in dem sich die Türmchen spiegeln und Seerosen blühen. Nach Süden hin schließt ein Naturschutzgebiet mit den fürstlichen Teichen den Park ab, im Südwesten liegt der Mausoleumspark.

Wir folgen dem Hinweis zum Mausoleum und freuen uns über die Schafe, die uns auf einer Wiese entgegenblöken. Das **Mausoleum 7,** das monumentale Familiengrab der Fürstenfamilie, liegt wie ein antiker Bau mitten auf der Weide. Tatsächlich stammt das stattliche Monument aus dem frühen 20. Jahrhundert. Die ganze Pracht zeigt sich im Inneren: Ein gigantisches Mosaik mit 1400 verschiedenen Goldtönen schmückt die Kuppel.

Schlosspavillon

Nach diesem Abstecher geht es zurück in Richtung Schloss. Wir biegen links ab auf die **Mindener Straße** und gleich wieder links in die Straße Hasengarten, die am Segelflugplatz entlangführt. Wenn wir auf die Rintelner Straße stoßen, geht es rechts in Richtung Porta Westfalica. Dann biegen wir links in die Straße Tannenkamp in Richtung **St.-Laurentius-Kapelle** **8** ein. Es geht ein Stück langsam, aber stetig bergauf, bis wir die winzige Fachwerkkapelle aus dem Jahr 1523 erreichen. Vermutlich ist es die älteste noch erhaltene Fachwerkkapelle im gesamten nordwestdeutschen Raum. Ein Kleinod! Werktags kann man den Schlüssel im Laden gegenüber abholen und einen Blick in das schlichte Kirchenschiff werfen.

Auf der Straße nach **Porta Westfalica** geht es immer geradeaus bis zu den Bahngleisen. Dann weiter links an den Bahngleisen entlang, bis wir die Brücke über die Weser nehmen. Nun haben wir schon mal einen herrlichen Blick auf das Kaiser-Wilhelm-Denkmal, das sich auf dem Wittekindsberg oberhalb der Westfälischen Pforte erhebt. Wir folgen den Wegweisern und sammeln Kraft, denn nun geht es in sanften Kurven auf der Autostraße – der Beschilderung folgend – bergauf. Am Parkplatz angekommen, dürfen wir uns freuen: Wir dürfen vorfahren. Wer lieber seine Kraft für die letzte Wegstrecke an der Weser entlang spart, gelangt auch mit dem kostenfreien Busshuttle vom Bahnhof Porta, der an Wochenenden stündlich ab 11 Uhr verkehrt, zum **Kaiser-Wilhelm-Denkmal 9.**

Dieses monumentale Denkmal wurde von 1892 bis 1896 zu Ehren von Kaiser Wilhelm I. nach seinem Tod

Am Kaiser-Wilhelm-Denkmal

oberhalb des Weserdurchbruchs Porta Westfalica errichtet. Damit sollte die Einigung des Deutschen Reichs als Folge des Deutsch-Französischen Krieges gefeiert werden. Ganz schön viel Pathos! Ein Besucherzentrum informiert seit 2018 anschaulich in Bild, Ton und Film über Region und Denkmal und sortiert dieses in die Zeitgeschichte ein. Wir genießen in aller Ruhe von hier oben den 360-Grad-Blick-Blick über das Wesertal. In der Ringterrasse am Fuße des Denkmals versorgt das **Panoramarestaurant Wilhelm 1896** ⑩ hungrige Gäste bei bester Aussicht. Die Anstrengung der Auffahrt hat sich auf jeden Fall gelohnt!

Bergab rauschen wir auf dem gleichen Weg zurück Richtung Weser, biegen aber links in den Weserrad-

Ausblick über das Wesertalbergland

Mindener Schiffmühle

weg ein. Wir folgen den Hinweisen nach Minden. Das letzte Stück führt auf der Weserpromenade direkt am Fluss entlang. Hier wartet der letzte Höhepunkt unserer Tour: Die **Mindener Schiffmühle ⑪,** die Rekonstruktion einer der Mühlen entlang der Weser, in denen Müller einst Getreide mahlten. Angegliedert ist das **Restaurant Schiffmühle ⑫** mit großem Biergarten, wo wir bei Weserblick unsere Runde gemütlich ausklingen lassen können. Dann geht es über die Brücke zurück zum Ausgangspunkt. An Sommertagen lockt zum Finale Abkühlung am **Weserstrand ⑬** direkt am Parkplatz Kanzlers Weide, wo der Verein Weserfreunde einen Strand mit Beachbar anlegte.

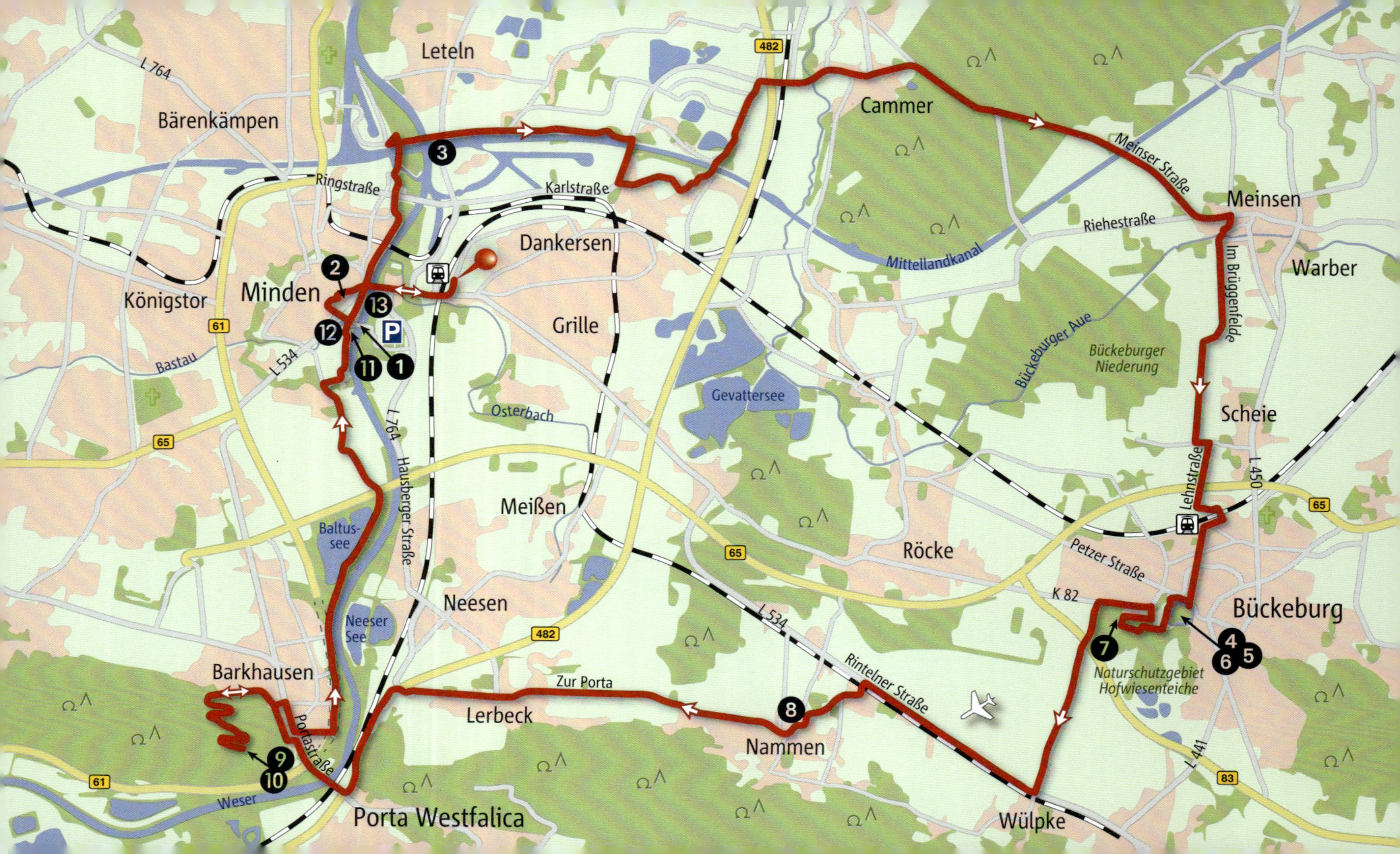
Leteln
L 764
Bärenkämpen
Cammer
Meinser Straße
Meinsen
Riehestraße
Ringstraße
Karlstraße
Dankersen
Mittellandkanal
Warber
Königstor
Minden
Grille
Im Brüggenfelde
Bückeburger Aue
Bückeburger Niederung
Bastau
L 534
Gevattersee
Scheie
Osterbach
L 764
Hausberger Straße
L 450
Lehnstraße
Meißen
Baltus-see
Röcke
Petzer Straße
K 82
Bückeburg
Neesen
Neeser See
L 534
Naturschutzgebiet Hofwiesenteiche
Barkhausen
Zur Porta
Rintelner Straße
Lerbeck
Portastraße
Nammen
L 441
Weser
Porta Westfalica
Wülpke
482
61
65
83

Alles auf einen Blick

WIE & WANN:
Überwiegend befestigte Fahrradwege. Beste Zeit: von Frühjahr bis Herbst.

HIN & WEG:
Auto: Großparkplatz Kanzlers Weide, 32423 Minden (GPS: 52.286812, 8.925914)
ÖPNV: RE 78 aus Nienburg und Bielefeld, RE 70 aus Braunschweig bis Bf. Minden

ESSEN & ENTSPANNEN:
Café Alte Schlossküche ❺ im Schloss Bückeburg, Schlossplatz 1,
31675 Bückeburg, www.alte-schlosskueche.de
Panoramarestaurant Wilhelm 1896 ❿ im Kaiser-Wilhelm-Denkmal,
32457 Porta Westfalica, www.wilhelm1896.de
Schiffmühle ⓬ Weserpromenade 24, 32423 Minden,
Tel. (05 71) 3 98 02 80, www.schiffmuehle-gastronomie.de

Entspannung ✱✱✱✱✱ (4 von 5)
Genuss ✱✱✱✱✱ (4 von 5)
Romantik ✱✱✱✱✱

ENTDECKEN & ERLEBEN:
Glacisbrücke ❶
Mindener Dom ❷ Großer Domhof 10, 32423 Minden
Wasserstraßenkreuz ❸
Schloss Bückeburg ❹ Schloßplatz 1, 31675 Bückeburg, www.schloss-bueckeburg.de
Schlosspark ❻
Mausoleum ❼ Richard-Sahla-Straße 15, 31675 Bückeburg
St.-Laurentius-Kapelle ❽ Laurentiusstraße 11, 32457 Porta Westfalica
Kaiser-Wilhelm-Denkmal ❾ Kaiserstraße,
32457 Porta Westfalica, www.kaiser-wilhelm-porta.de
Mindener Schiffmühle ⓫ Weserpromenade 24, 32423 Minden
Weserstrand ⓭ Kanzlers Weide, 32423 Minden

- 31,7 Kilometer
- 340 Höhenmeter
- 2,5 Stunden
- Rundtour

Schaumburg

Eine abwechslungsreiche Runde mit einem Kurpark aus den Glanzzeiten des Kurlebens, herrlichen Radwegen durch den schattigen Buchenwald und einem Höhepunkt – auch im Wortsinn: die stolze Burg Schaumburg mit herrlichem Blick über das Weserland.

Ausgangspunkt für die Tour ist der Bahnhof in **Bad Eilsen.** Der heilbringenden Mineralquellen wegen hatte Fürstin Juliane zu Schaumburg-Lippe Eilsen 1802 zum Kurbad erhoben. Die weitgereiste Dame ließ Gärten nach französischem Vorbild anlegen und über den Heilquel-

Bad Eilsen

Ritterlich!

Von Bad Eilsen zur Schaumburg

len tempelartige Brunnenhäuser errichten. Und natürlich gab es neben Badehäusern und Wandelhallen auch Plätze für das „Amusement" der feinen Gesellschaft wie Theater und Ballsäle. Eine Blütezeit erlebte Bad Eilsen noch einmal nach dem Ersten Weltkrieg.

Gleich gegenüber vom Bahnhof liegt ein Supermarkt, wo wir uns bei Bedarf mit Proviant eindecken können, denn auf der Tour gibt es wenige Möglichkeiten für eine Einkehr. Wenn wir die Bahnhofstraße hinunterradeln, liegt rechts der herrliche **Kurpark 1,** den wir uns für das Ende der Tour zum Entspannen aufheben. Wir biegen an der Apotheke an der Ecke links in die Wiesenstraße ein, dann geht es schräg rechts in Richtung Aue-Rundweg. Der Wanderweg, der auch

*Der **Fürstenhof,** 1918 erbaut, war zu seiner Zeit eines der elegantesten Hotels Europas, in dem ein Publikum von Welt residierte. Gerhart Hauptmann, Richard Tauber, sogar gekrönte Häupter waren zu Gast. Heute ist das ehemalige Hotel – frisch renoviert – Rehazentrum.*

Grandhotel Fürstenhof

Im Kurpark

Für die Seele

Wir radeln durch eine Seelenlandschaft mit Wäldern und Flussauen, von der romantischen Schaumburg gibt es einen der schönsten Ausblicke über das Weserland.

für Radler bestens geeignet ist, führt am Ufer der **Bückeburger Aue** ❷ entlang, einem Nebenfluss der Weser – gesäumt von alten Kopfweiden – nach **Heeßen.** Was für eine Idylle! Ein Ort zum Entschleunigen mit Bänken und Picknickplätzen, um dem Murmeln des Flüsschens und dem Rascheln der Blätter zu lauschen. Wir kommen auch auf dem Rückweg hier vorbei und können die Flusslandschaft noch ausgiebig genießen. Jetzt lassen wir die Räder erst mal laufen, während Bauernhöfe und Wiesen links und auf der rechten Seite eine Kleingartenanlage vorbeigleiten.

Wenn links eine Brücke über die Aue führt, folgen wir dem rotgeschotterten Weg nach **Buchholz.** Dort geht es an der Kreuzung rechts ab und entlang der

Bückeburger Aue

L 442, zunächst Hinweisschildern nach Rinteln folgend. Am Hang zur Linken ragt bald ein Ungetüm aus dem Wald: Die Aussichtsplattform, die in den **Familienwanderpark Jahrtausendblick ❸** eingebettet ist. Im in den 1950er- und 1960er-Jahren stillgelegten Bereich des immer noch aktiven Steinbruchs Steinbergen wurde zur Expo 2000 in Hannover die Erlebniswelt Steinzeichen Steinbergen eröffnet, heute der Wanderpark Jahrtausendblick, der ein Favorit vor allem bei Familien mit Kindern ist. Zunächst müssen wir die A 2 unterqueren. Wer Lust hat, macht dann einen Abstecher zum Jahrtausendblick zur Linken und genießt das grandiose Weserlandpanorama von der Aussichtsplattform aus. An den Öffnungstagen versorgt ein Biergarten durstige und hungrige Wanderer und Radler.

Auf der anderen Seite der Arensburger Straße liegt **Schloss Arensburg ❹** stolz und kühn am Hang. Hier bauten um 1300 die Schaumburger Grafen eine Trutzburg, die im 16. Jahrhundert ausgebaut wurde. Unterhalb der Burg liegt ein Landschaftsgarten mit Park und den sogenannten Hexenteichen. Der Hexerei beschuldigte Frauen unterzog man hier zum Beweis ihrer Schuld oder Unschuld einer Wasserprobe. Die neuere Geschichte war auch wenig ruhmreich: Von 1943 bis 1945 war die Arensburg Außenstelle des kleinen Konzentrationslagers Lahde an der Weser. Die Häftlinge, die hier interniert waren, leisteten Zwangsarbeit im Steinbruch gegenüber. Nach Zeiten als Autobahnraststätte für die nahe A 2 wechselten die Investoren und Insolvenzen. So sind Schloss und Garten heute nicht zugänglich. Ein Jammer.

Wir fahren an der nächsten Kreuzung ein kurzes Stück links entlang der **Bückeburger Straße**. Sobald wir die Bahngleise überquert haben, geht es abermals nach links und auf der Messingbergstraße immer leicht bergauf, dem Radweg zur Schaumburg folgend. Er schlängelt sich meist durch den Buchenwald im Naturschutzgebiet Kamm des Wesergebirges – ein wun-

Schaumburg

derbar schattiger Weg, den wir an heißen Tagen besonders genießen. Für die Steigung entschädigt eine wunderbare Abfahrt. Wir lassen die Räder rollen und uns den Fahrtwind um die Ohren wehen. Auf dem weiteren Weg öffnet sich ab und zu eine Lichtung, die den Blick ins Weserland freigibt. An Kreuzungen folgen wir immer dem Hinweis zur Schaumburg.

Wenn wir unserem Ziel näher kommen, zweigt der Wander- und Radweg zum traditionsreichen Ausflugslokal **Paschenburg** 5 ab, das der Förster Carl Kayser 1842 auf dem Mönchsberg errichten ließ. Aussichtsreich liegt es auf dem Kamm des Wesergebirges. Den herrlichen Ausblick von der Terrasse muss man sich verdienen: Der Weg nach oben ist steil. Wer keine Einkehr plant, fährt weiter. In einer Kurve wartet eine Bank, beschattet von einer mächtigen Buche. Hier können wir schon mal aus der Ferne den Blick auf den Bergfried der Schaumburg genießen. Ein Ausblick, der für das letzte Stück zur Burg motiviert, die auf dem **Nesselberg** (230 Meter), einem südlichen Ausläufer der Weserkette, thront.

Die **Schaumburg** 6, die dem Schaumburger Land den Namen gab, entstand gegen 1110 in bester strategischer Lage hoch über dem Weserbergland. Dieser Tatsache verdankt sie möglicherweise auch ihren Namen („von der Burg schauen“). Hier oben wohnten die Schaumburger Grafen, bis sie im 15. Jahrhundert ihren Sitz nach Stadthagen und Bückeburg verlegten. Wir parken unsere Räder und durchschreiten zunächst die Vorburg, die aus dem 14. Jahrhundert stammt. Der heutige Palas im Burghof, das einstige Wohnhaus der Burgherren, ist im Kern ein Renaissancebau, dem man in den 1970er-Jahren einen hässlichen Vorbau verpasste. Er diente als Gaststätte, die längst geschlossen ist. Der Hof ist wildromantisch und höchst fotogen, der Blick von hier oben an klaren Tagen herrlich. Unbedingt lohnt die Besteigung des 30 Meter hohen Bergfrieds, von wo aus wir über das Burggelände bis zur

*Die **Schaumburg** ist rund ums Jahr frei zugänglich, zwischen Mai und Oktober gibt es außerdem jeden ersten Sonntag im Monat um 14 Uhr Führungen, die in die Geschichte der Burg einführen.*

Vor dem Burgtor liegt das ***Hotel-Restaurant Schaumburger Ritter*** *mit gehobener Küche und entsprechenden Preisen. Passend sind die Armen Ritter zum Dessert und die Terrasse ist zweifellos ein schöner Platz, um sich nach der Burgbesteigung zu stärken.*

Gemütlich wirkt das alte Bauernhaus mit dem ***Café Kastanienhof*** *unweit des Fähranlegers. Kaffee und Kuchen oder kleine warme Gerichte genießt man im Garten.*

Weser und den Höhenzügen hinter dem Fluss blicken. Auch ein paar Weserstädte sind auszumachen: Links können wir Hameln erspähen, zur rechten Seite Rinteln.

Nach der Besichtigung der Schaumburg schnappen wir uns – wenn wir nicht im Restaurant **Schaumburger Ritter** 7 einkehren – wieder die Fahrräder und nehmen den Weg zur rechten Seite bergab.

Viele Kehren mildern die Steile der Abfahrt. Am Ende der Burgstraße halten wir uns links und folgen bei nächster Gelegenheit wiederum links dem Radweg nach Hessisch Oldendorf.

In **Welsede** eingetroffen, durchqueren wir den Ort auf der Berliner Straße und biegen an deren Ende links auf die Welseder Straße ab. Stetig geradeaus geht es nach Großenwieden. Vorbei an der sehenswerten Kirche St. Mattaei, einem spätromanischen Bruchsteinbau mit Fresken aus dem späten 15. Jahrhundert. Furchteinflößend sind die Darstellungen von Hexen und Teufeln rund ums Weltengericht. Dann radeln wir direkt auf die Weser zu. Dort liegt die **Weserfähre Großenwieden** 8, mit der wir auf der heutigen Tour nicht übersetzen. Aber wir können auf einer der Bänke Platz nehmen und dem Fährverkehr und manchmal auch passierenden Lastkähnen zuschauen. Bei Hunger und Durst gibt es ganz in der Nähe mit dem **Café Kastanienhof** 9 eine Anlaufstelle.

Nun radeln wir mit der Weser zur Linken ein Stück am Fluss entlang nach **Kleinenwieden.** Wo die Weser einen Bogen macht, liegt auf der anderen Seite der Weser der **Naturpark Hohenrode** 10. Dort entstand in den letzten Jahren durch Kiesabbau eine einzigartige Auenlandschaft, die nach und nach renaturiert wurde. Sie hat sich auch zu einem wichtigen Rast- und Überwinterungsgebiet für zahlreiche Vogelarten entwickelt. Einfach mal anhalten und den Blick zum Himmel richten: Bestimmt ist der ein oder andere Vogel im Anflug. Mit viel Glück kann man Kraniche, ja selbst Seeschwalben und Fischadler erspähen.

Nun folgen wir dem Verlauf der Oldendorfer Straße nach rechts. Beim nächsten Abzweig geht es nach links auf die Landwehrstraße. Wenn wir einen alten Bekannten – den Ausblick Steinberge – erspähen, fahren wir auf schon bekannter Strecke an der **Arensburg** vorbei und die Autobahnunterführung hindurch.

Noch einmal geht es an der **Bückeburger Aue** entlang und diesmal nehmen wir uns Zeit für die Naturidylle und genießen nach Lust und Laune das Vogelgezwitscher auf einer Bank. Dann Endspurt nach Bad Eilsen, wo wir uns auf eine weitere Auszeit im wunderbaren Kurpark freuen können.

Hinter dem ehemaligen **Grandhotel Fürstenhof** liegt das Rosarium, ein echter Lieblingsplatz im Sommer, wenn die Rosen verführerisch duften. Dahinter öffnet sich ein Garten im englischen Stil mit mächtigen alten Bäumen, Rasenflächen und Erinnerungen an Zeiten, als hier ein mondänes Publikum flanierte. Viele Bänke laden zum Entspannen ein.

Bad Eilsen
Bückeburger Straße
Naturschutzgebiet Teufelsbad
Heeßen
Kleinenbremen
Rolfshagen
Rehren
Barksen
Luhden
L 442
Buchholz
Borstel
Bückeburger Aue
Schermbeck
L 443
Bernsen
2
L 434
Hirschkuppe
Todenmann
Steinbergen
Westendorfer Egge
Burgstraße
Oberberg
L 441
Nordstadt
Schaumburg
Deckbergen
Möncheberg
Nesselberg
83
L 437
Engern
Berliner Straße
K 74
238
Naturschutzgebiet Aher Kämpe
Kohlenstädt
Lehmbreite
K 84
Rinteln
Ahe
Welsede
L 435
Naturschutzgebiet Auenlandschaft Hohenrode
Kleinenwieden
K 81
Weser
L 433
Hessisch Oldendorf
Exten
Hohenrode
K 83
Großenwieden

Alles auf einen Blick

WIE & WANN:
Asphaltierte oder geschotterte Fahrradwege, auch immer mal wieder Nebenstraßen.
Beste Zeit: von Frühjahr bis Herbst.

HIN & WEG:
HIN & WEG:
Auto: Parkplatz Bahnhofstraße, 31707 Bad Eilsen (GPS: 52.239503, 9.102827)
ÖPNV: Keine Anbindung an den öffentlichen Nahverkehr

ESSEN & ENTSPANNEN:
Paschenburg ❺ Paschenburg 1, 31737 Rinteln, Tel. (0 51 52) 25 47, www.restaurant-paschenburg.de (mit dem Fahrrad auf dem Wanderweg oder über die Autostraße zu erreichen)

Entspannung ★★★★☆
Genuss ★★★☆☆
Romantik ★★★★☆

Hotel-Restaurant Schaumburger Ritter ❼ Burgstraße 2–4, 31737 Rinteln, Tel. (0 51 52) 94 74 60, www.schaumburger-ritter.de
Café Kastanienhof ❾ Obernhagen 15, 31840 Großenwieden, Tel. (0 51 52) 6 98 38 80

ENTDECKEN & ERLEBEN:
Kurpark Bad Eilsen ❶ Harrlallee, 31707 Bad Eilsen
Bückeburger Aue ❷
Wanderpark Jahrtausendblick ❸ Arensburger Straße 4, 31737 Rinteln, www.jahrtausendblick.de
Schloss Arensburg ❹ Arensburger Straße, 31737 Rinteln
Burg Schaumburg ❻ Burgstraße 1, 31737 Rinteln
Weserfähre Großenwieden ❽
Naturpark Hohenrode ❿

Kloster Corvey

Die entspannte Runde führt ab Höxter am Weserufer entlang zu einem Kulturschwergewicht am Weserradweg, dem UNESCO-Weltkulturerbe Kloster Corvey. Über das hübsche Weserstädtchen Holzminden geht es zu einem Juwel der Weserrenaissance – Schloss Bevern – und schließlich zurück nach Höxter. Neben reichlich Kulturgenuss bleibt viel Zeit für entspannte Pausen am Wegesrand.

Ausgangspunkt der Tour ist die **Weserbrücke in Höxter,** wo der Radweg nach Corvey seinen Ausgang nimmt, der uns rund 2 Kilometer fast immer direkt an der Weser entlangführt. Den Abzweig nach **Kloster Corvey** ❶ können wir nicht verfehlen. Bereits aus der Ferne grüßen die mächtigen Türme des Westwerks und wir radeln an den ehemaligen Klostergebäuden vorbei in Richtung Eingang, vor dem wir unsere Räder parken. Es lohnt sich, reichlich Zeit einzuplanen für das einzigartige Bauwerk voller Geschichte mit dem berühmten karolingischen Westwerk, der barocken Kirche, den herrschaftlichen Räumen der Fürstäbte aus dem 17. und 18. Jahrhundert und dem Grab von Hoffmann von Fallersleben auf dem Friedhof. Nach

Kloster Corvey

Weserkultur

Zwischen Höxter und Holzminden

Kreuzgang im Kloster Corvey

dem Kulturgenuss kann man im Eingangsbereich in einem Buchladen stöbern und sich dort mit Kaffee und Kuchen stärken.

Nun geht es ein kurzes Stück zurück in Richtung „Altstadt Höxter". Vor dem Bahnübergang biegen wir aber nach links auf den Radweg nach Holzminden ab, der zunächst um die Abtei herumführt und dann weiter durch eine verwunschene Platanenallee. Bald taucht auch schon wieder die Weser – überspannt von einer alten Eisenbahnbrücke – im Blickfeld auf. Der

Weg ist nicht zu verfehlen, wir folgen stets dem Radwegsymbol und rollen gemütlich am Weserufer entlang.

Der Turm der Dorfkirche von **Lüchtringen** grüßt bald schon vom gegenüberliegenden Ufer, das ein oder andere Kanu gleitet vorbei – ein wunderbar entspanntes Stück Weserradweg, wo wir uns ein bisschen wie in einem historischen Landschaftsgemälde fühlen können. Warum nicht einfach mal halt machen, ins Gras setzen und die Idylle genießen? Es geht immer weiter am Ufer der Weser entlang, die nun ein paar Schleifen formt. Hier und da grasen Schafe auf den Flussweiden und im Frühjahr und Sommer blühen Blumen in allen Farben.

Zur Linken taucht am Hang nach einer Weile die **Tonenburg** ❷ auf, die sich seit 1315 über dem Weserufer erhebt. Sie ist heute Hotel, und die Brennerei, wo die Mönche von Corvey einst ihre Schnäpse brannten,

Kirchenschmuck

***Corvey** lädt zu einem Spaziergang durch 800 Jahre Baugeschichte ein. Hoffmann von Fallersleben, Autor des Deutschlandlieds und Dichter des Vormärz, lebte im 19. Jahrhundert als Bibliothekar in Corvey. Eine App, die unentgeltlich aufs Smartphone geladen werden kann, führt aus der Perspektive des Dichters durch Kirche und Schloss.*

Für die Seele

Romantische Uferlandschaften entlang der Weser, zwei besondere Kulturschätze und eine Schnuppertour durch die Stadt der Düfte.

ist Eventlocation. Wer Lust auf einen kurzen Abstecher hat, nimmt den Abzweig zum Hochufer. Direkt am Weserufer laden Picknicktische und Ruhebänke dazu ein, der Weser beim Fließen zuzusehen.

Wenn wir einen Campingplatz erreichen, sind wir schon fast in **Holzminden.** Hier könnten wir den Ausflug gemütlich ausklingen lassen und nach der Stadtbesichtigung zurück nach Höxter radeln, eine Ersparnis von gut 10 Kilometern. Wer sich noch nicht ausgepowert hat, macht noch einen Schlenker nach **Bevern** und schaut sich auf dem Rückweg Holzminden an. Dafür radeln wir auf dem Radweg in Richtung Bodenwerder über die Weser mit schönem Blick auf die Stadt: Zur Linken liegt die Weserpromenade, hinter der ein spitzer Kirchturm aufragt, zur Rechten liegt das Weserhotel Schwager mit charakteristischem Turm und einer Beachbar. Wir fahren hinter der We-

Grab von Hoffmann von Fallersleben

Weserschleife

serbrücke nach rechts, am Hotel vorbei und unter der Brücke hindurch, wo eine Skulptur mit „Alltagsmenschen" für ein Schmunzeln sorgt. Nach einem kurzen Stück auf der Weserpromenade geht es ebenfalls kurz durch die Stadt – immer dem Hinweis zum Radweg nach Bodenwerder bzw. Bevern folgend. Und bald schon tauchen wir wieder in die Natur ein. Der Weg verläuft zwischen Feldern hindurch und an Brombeerhecken vorbei. Wo er sich gabelt, fahren wir rechts auf den Schotterweg, der nach Bevern führt.

„Alltagsmenschen"

Wenn wir in Bevern einlaufen, ist **Schloss Bevern** ❸ nicht zu verfehlen. Erbaut von 1603 bis 1612 von einem Verwandten des Lügenbarons Münchhausen ist das Prachtstück der Weserrenaissance heute ein wichtiges Kulturzentrum der Region. Der berühmte Münchhausen arbeitete hier in jungen Jahren als Page. Gegen eine geringe Eintrittsgebühr kann man die Schloss-

Schloss Bevern

Weserauen

kirche, die auch beliebte Traukirche ist, und die liebevoll gestalteten Ausstellungen im Erd- und Obergeschoss anschauen.

Gegenüber vom Schloss lädt das **Eiscafé Bruno** ④ zu einer Erfrischung ein. Wunderbar sitzt man auf der Terrasse mit Schlossblick bei Gelato oder Cappuccino und kann sich mitten im Weserbergland ein bisschen wie in Bella Italia fühlen. Nach der Pause können wir auf dem gleichen Weg nach Holzminden zurückradeln. Wer ein bisschen abkürzen mag, radelt an der Kirche von Bevern links vorbei zur Bundesstraße nach Holzminden – eine Route, die nicht ganz so idyllisch, aber mit 3 Kilometern deutlich kürzer ist. Sie verläuft zunächst auf einem Radweg entlang der Straße.

Wichtig: Wir folgen nicht dem ersten Abzweig rechts nach **Holzminden,** sondern bleiben auf dem Radweg, der geradeaus ebenfalls in die Weserstadt führt. Dort angekommen, nehmen wir Kurs auf den Marktplatz, der von Lokalen gesäumt ist. Holzminden ist die

*In **Schloss Bevern** kann man in der Dauerausstellung in die Welt des ersten Schlossherren Statius von Münchhausen und seine Epoche, die dem Weserbergland eine Blütezeit bescherte, eintauchen.*

*In der Touristinfo am Marktplatz hält man eine Broschüre bereit, die die Stationen des **Duftpfades** ausweist. An Stelen kann man sich Düfte um die Nase wehen lassen, zum Beispiel Flieder, Thymian und Vanille.*

Holzminden

Duftstele

Stadt der Düfte, seit Wilhelm Haarmann hier das Vanillin erfand und 1874 Haarmann's Vanillinfabrik gründete, die sich zu einem Weltunternehmen entwickelte. Am Marktplatz beginnt ein **Duftpfad** ❺, auf dem wir uns durch die Altstadt schnuppern können. Ein sinnliches Vergnügen.

Auf dem Rückweg nach Höxter radeln wir am **Weserhotel Schwager** ❻ vorbei, das wir schon auf dem Hinweg passiert haben. Hier kann man wunderbar einkehren.

Auf der Terrasse des ***Weserhotels Schwager*** *sitzt man herrlich mit Weserblick – nachmittags bei Kaffee und Kuchen, abends bei gepflegter Küche.*

Hafenbar
Allersheimer

Die lässige Alternative ist die **Hafenbar** 7 mit kleinem Strand gleich nebenan. Vor der Beachbar geht es für den Rückweg nach Höxter links auf den Fahrradweg, dessen Symbol wir immer folgen. An einer Stelle ist Vorsicht geboten: Wo vor uns ein Kieswerk auftaucht, folgen wir dem etwas versteckt ausgeschilderten Radweg nach links.

Wenn ein Wegweiser rechts nach Höxter und Corvey weist, radeln wir weiter geradeaus durch den beschaulichen Fachwerkort **Lüchtringen.** Nochmal ein stilles Stück Weserradweg, beschattet von Bäumen und gesäumt von Ruhebänken. Wenn die ungleichen Türme der Kilianikirche am Horizont auftauchen, ist **Höxter** schon wieder ganz nah. Nach Lust und Laune können wir unsere Radtour mit einer Runde durch die Altstadt ausklingen lassen.

Die mit Fächerrosetten und Schnitzereien verzierten Bürgerhäuser und einstigen Adelshöfe sind Perlen der Weserrenaissance. Aber auch mittelalterliche Schätze finden sich in einer der ältesten Städte im nördlichen Deutschland – das **Alte Rathaus** 8 beispielsweise, das seit 1250 am noch deutlich älteren mittelalterlichen Markt steht. Oder das Wahrzeichen der Stadt, die **Kilianikirche** 9, die ihre Türme seit dem frühen 12. Jahrhundert in den Himmel reckt. Auffällig ist, dass sie unterschiedlich hoch sind – der Nordturm misst 48 Meter, der Südturm, der früher als Wachturm diente, nur 45 Meter. Innen empfängt uns ein stimmungsvoller mittelalterlicher Kirchenraum.

Fried-
berg
Beverbach
Bevern
West-Kandel
Hellegraben
L 584
Weser
83
Baggersee
Holzminden
Allersheim
64
Twierbach
Allersheimer Straße
Stahle
Liebigstraße
64
Dürre Holzminde
Saumer
Albaxen
Holzminden
Hasselbach
497
Holzminde
Sylbecker Berg
K 50
Räuschenberg
Lüchtringen
Die Lüre
Schelpe
239
Höxter
Corveyer Allee
L 550
Lüchtringer Heide
Fürstenberger Straße
Boffzener Straße
L 549
Rottmünde
Boffzen
1
2
3
4
5
6
7
8
9
P

Alles auf einen Blick

WIE & WANN:
Unterwegs fast ausschließlich asphaltierte Fahrradwege, ab und zu ein Stück entlang der Straße. Beste Zeit: von Frühjahr bis Herbst.

HIN & WEG:
Auto: Parkplatz Floßplatz, Im Brückfeld 3, 37671 Höxter (GPS: 51.772877, 9.385633)
ÖPNV: NWB RB 84 aus Paderborn und Holzminden bis Bf. Höxter

ESSEN & ENTSPANNEN:
Eiscafé Bruno ❹ Schloss 3, Bevern, Tel. (0 55 31) 8 14 16 94, www.eiscafe-bruno.de
Weserhotel Schwager ❻ Steinhof 2, 37603 Holzminden, Tel. (0 55 31) 70 17 00, www.weserhotel-schwager.de
Hafenbar ❼ Steinhof 1, 37603 Holzminden, Tel. (01 74) 5 82 33 38, www.hafenbar-holzminden.de

ENTDECKEN & ERLEBEN:
Kloster Corvey ❶ Corvey, 37671 Höxter, www.corvey.de
Tonenburg ❷ Tonenburg 1, 37671 Höxter
Schloss Bevern ❸ Schloss 1, 37639 Bevern, www.schloss-bevern.de
Duftpfad ❺ 37603 Holzminden
Altes Rathaus ❽ Weserstraße 11, 37671 Höxter
Kilianikirche ❾ An der Kilianikirche 1, 37671 Höxter

Entspannung ★★★★☆
Genuss ★★★☆☆
Romantik ★★★★☆

Einbecker Bier

- 27,9 Kilometer
- 130 Höhenmeter
- 2 Stunden
- Rundtour

Einbeck steht seit Jahrhunderten für gutes Bier. Der süffige Gerstensaft sorgte schon im Mittelalter für Wohlstand in der alten Hansestadt, denn das Einbecker Bier war besser, haltbarer und damit auch transportfähiger als die Biere, die man anderswo braute. Ab Mitte des 14. Jahrhunderts exportierte man Bier bis nach Skandinavien und ins Alpenvorland. Die Zeiten des Monopols sind längst vorbei, aber immer noch ist Bier das wichtigste Exportprodukt der Stadt.

Auf dieser Radtour steht aber nicht das Bier im Fokus, sondern die Salinen und Burgen südlich der Stadt. Besonders schön ist die entspannte Tour, die auch mit vielen Stopps gut in einen Vormittag oder Nachmittag passt, im Hochsommer, wenn das Korn auf den Feldern reif ist und die Sonnenblumen sich der Sonne entgegenrecken.

Vom **Parkplatz an der Hullerserstraße** radeln wir über die Benser Straße und den Reinserturmweg stadtauswärts – dem Radwegsymbol folgend – und überqueren auf einer Holzbrücke die Ilme. Wir passieren einen Obstgarten und stoßen bald darauf auf die Bundesstraße, an der entlang wir ein kurzes Stück rechts fahren. Beim nächsten Abzweig geht es gleich links, wiederum dem Radwegsymbol folgend. Rübenfelder, Apfelbäume, verstreute Bauernhöfe säumen nun den Weg. Ländliche Idylle. Wo wir einen Wegweiser mit Burgsymbol sehen, biegen wir links auf einen Wirtschaftsweg nach **Rotenkirchen** ab, der quer durch die Felder führt. Radfahrer sind auf Wegen geduldet, die

*Im Mittelalter galt **Einbecker Bier** als Luxusgetränk und wurde in ganz Mittel- und Nordeuropa gehandelt. Das „ainpöckisch bier" wurde in Bayern zu „Bockbier" verkürzt. Und weil das so gut schmeckte, lockte man Einbecker Braumeister nach Bayern.*

Salz & Burgen

Rund um Einbeck

Ländliches Idyll

für den landwirtschaftlichen Verkehr angelegt wurden. Aber klar, dass hier Traktoren und Co. Vorfahrt haben und wir ihnen den Weg bei Bedarf freigeben.

Bald erreichen wir das Dorf Rotenkirchen, das 1203 erstmals erwähnt wurde. Mittelpunkt des Ortes ist heute wie damals der **Gutshof Rotenkirchen 1**, der im Mittelalter zur oberhalb liegenden Burg Grubenhagen gehörte. Einige der Gutsgebäude, die sich hinter hohen Mauern ducken, stammen noch aus dem 16. Jahrhundert. Das prächtigste Gebäude ist das Amtshaus, das der Hannoversche Vizekönig, der auch Herzog von Cambridge war, 1811 zum Jagdschloss umbauen ließ.

*Das **Königreich Hannover** entstand 1814 und der Herrscher des Vereinigten Königreichs Großbritannien und Irland war gleichzeitig König von Hannover – bis mit dem Tod Wilhelms IV. 1837 die Personalunion zwischen Großbritannien und Hannover endete.*

Denn – welche Ehre für die Region! – von 1826 bis 1866 war Rotenkirchen Sommerresidenz der Hannoverschen Könige. Heute ist Gut Rotenkirchen ein landwirtschaftlicher Betrieb mit Schwerpunkt auf Ackerbau und kann nicht besichtigt werden.

Wir biegen an der Kreuzung links ab nach Northeim. Wer Lust auf einen Abstecher zur **Burg Grubenhagen 2** hat, kann der Beschilderung folgend rund

250 Meter nach dem Ortsausgang von Rotenkirchen rechts abbiegen. Der Weg führt 2 Kilometer recht steil bergauf. Dann stellt man die Räder ab, um das letzte Stück zu Fuß zu laufen. Die Burg wurde 1520 als Wohnsitz aufgegeben und verfiel langsam. Zu sehen ist heute nur noch der Bergfried. Insgesamt ein Umweg von 4,5 Kilometern (150 Höhenmeter).

Ohne Abstecher zur Burg geht es weiter geradeaus – immer dem Radwegsymbol folgend, das manchmal durch das Burgensymbol ergänzt wird. Rechts von uns verläuft wie ein grünes Band der **Höhenzug Ahlsburg** – ein geschlossenes Waldgebiet, das das östlich gelegene Leinetal begrenzt und ein beliebtes Wandergebiet ist. Die reifen Kornähren wiegen sich an Hochsommer-

Quer durch die Felder

Für die Seele

Stille Landschaften für Genießer abseits der Fahrradhauptrouten und Fachwerkträume sowie nette Lokale in der mittelalterlichen Bierstadt Einbeck.

Sülbeck

tagen im Wind, Äpfel baumeln fast erntereif an den Ästen der Apfelbäume, die an der Straße Spalier stehen, und Sonnenblumen sorgen für Farbtupfer im Bauernland. Eine stille, unaufgeregte Landschaft, die perfekt zum Entschleunigen ist.

Dann rollen wir in den kleinen Ort **Sülbeck** ein, dessen Entwicklung die Saline maßgeblich bestimmte. Salzhaltige Quellen hatte es hier schon lange gegeben, seit 1682 förderte man in der **Saline Sülbeck** ❸ Salz. Ende des 19. Jahrhunderts steigerten Bohrungen in 400 Meter Tiefe die Wirtschaftlichkeit der Saline erheblich und man baute eigens einen kleinen Hafen, von dem aus man das Salz über den sogenannten Salzgraben zur Leine verschiffte. Den Graben kann man nur noch erahnen, aber zwei Bohrtürme, ein Salinenhaus des 17. Jahrhunderts und der hölzerne Solebehälter erinnern an die Blütezeit der Saline. Ein Schmuckstück ist der **Obere Bohrturm,** 1865 als Fachwerkbau errichtet, der noch voll funktionsfähig ist. Insgesamt ist das Ensemble ein beeindruckendes Industriedenkmal. Seit 2009 wird hier wieder Natursole gefördert, die vor allem in Thermalbädern zum Einsatz kommt.

*Besichtigungen der **Saline** sind nach Voranmeldung möglich. Ansprechpartner für die Führung durch die Anlagen ist der Sülbecker Geschichts- und Heimatverein, erreichbar unter Tel. (0 55 61) 8 10 73 oder (0 55 61) 98 22 70.*

Saline Sülbeck

Die Saline ist aber nicht nur ein Treffpunkt für Technikliebhaber, sondern ein wunderbarer Platz für eine Pause. Auf Bänken kann man sich niederlassen, vielleicht die Brotzeit auspacken und den Störchen zuschauen, die auf einem der Türme nisten.

Weiter geht es auf dem Radweg zur Hauptstraße. Ein Schild zur Linken weist auf ein Plateau zur **Vogelbeobachtung** ❹ hin. Ein kurzer Weg führt zu Fuß hinauf, wo wir mucksmäuschenstill warten, ob sich ein paar Kiebitze oder andere Vögel im Polder jenseits der Straße blicken lassen. Dann geht es links ein kurzes Stück entlang der Bundesstraße, die wir bald schon überqueren – dem Radwegsymbol folgend – und auf dem Damm des Leinepolders gemütlich weiterradeln. Aber vorher unbedingt für ein paar Minuten zumindest anhalten, denn der Blick ist einfach zu schön.

Rechts breiten sich die **Leinepolder** ❺ aus, die in den 1970er-Jahren als 1000 Hektar großes Hochwasserrückhaltebecken geschaffen wurden, weil die Leine alljährlich über die Ufer trat. Hier erwies sich der Eingriff des Menschen in die Natur als segensreich, denn es entstand ein großflächiges Naturparadies, das zahllosen Tieren und Pflanzen eine Heimat bietet. Kleinsäuger wie Feldhasen und Mäuse leben dort, aber auch

Mehr über die Entwicklung der ehemaligen Kieshalde zum ***Naturparadies Leinepolder*** *findet man auf der Website der Naturscouts Leinetal e. V.: www.naturerlebnis-leinepolder.de. Sie informiert auch über die vielfältigen Beobachtungsmöglichkeiten.*

Vogelbeobachtung

Frösche und Kröten, die wiederum Weißstörche anlocken. Andere oft temporäre Bewohner des Vogelschutzgebiets von EU-Rang sind Wachtelkönig, Ohrentaucher, Singschwäne, Flussuferläufer oder Kiebitze. Bei der Beobachtung leistet ein Fernglas gute Dienste.

Der Kontrapunkt zum Naturparadies liegt auf der anderen Seite: die **Heldenburg** ❻, die 1321 erstmals erwähnt wurde. Durch die strategisch günstige Lage in der Nähe der Salzquelle, der Burg Grubenhagen und der Bierstadt Einbeck machten die Herzöge von Grubenhagen sie zu ihrer Residenz. Seit dem 18. Jahrhundert verfiel sie. Wir radeln später noch am Zugang zur Burg vorbei und haben Gelegenheit, die Ruine zu besichtigen. Zunächst aber fahren wir weiter

Heldenburg

bis zum Ende des Damms und biegen dann links in den Ort ab. Es geht vorbei an der **Burgschänke ⑦**, wo wir uns bei schönen Blicken auf zwei Terrassen mit lokalen Spezialitäten stärken können. Dahinter biegt ein Pfad zur Burg ab. Wer Lust auf ein bisschen Burgenromantik hat, steigt nach oben und sucht sich in der Ruine einen Picknickplatz.

Links biegt bald die Straße zur **Saline Salzderhelden ⑧** ab, die eine ähnliche Geschichte wie die Saline Sülbeck hat. Ab dem 12. Jahrhundert prägte sie das Leben des gleichnamigen Fleckens. 1757 baute man zwei Bohrtürme, Siedehäuser mit Salzpfannen, Solebehälter, Lagerhäuser, ein Maschinenhaus und Wohnungen für die Arbeiter. Ab 1852 nutzte man im Badehaus die Sole auch für Kurzwecke. Nach Stilllegung der Saline 1963 und der Einstellung des Badebetriebs 1994 baute man die Salinenanlagen bis auf wenige Gebäude ab.

Marktplatz Einbeck

2011 jedoch erlebte die Alte Saline als Industriedenkmal ihre Wiederauferstehung. Heute stehen wir ein bisschen traurig vor der Ruine des Bohrturms II, die im Sommer 2020 ein Feuer zerstörte. Nur der Solebehälter von 1882 und das Solebadehaus blieben verschont. So ist die Saline von Salzhelden ein melancholischer Platz, der zu einer kleinen Fantasiereise in die Vergangenheit einlädt.

Bierpfad

Nach dem Abstecher geht es links in Richtung Bundesstraße, die wir überqueren und geradeaus auf einem Wirtschaftsweg die letzten 3 Kilometer zurück nach **Einbeck** radeln.

Ein Blick auf die Uhr nach der Rückkehr: Ab 18 Uhr dürfen wir in der Stadt Fahrrad fahren. Sonst schieben wir gemütlich zum **Marktplatz 9**, der guten

Stube der Stadt. Er ist gesäumt von lauter stattlichen Gebäuden wie dem charaktervollen Rathaus und dem **Brodhaus ⑩**, dem ältesten Wirtshaus Niedersachsens, wo es deftige Speisen zum Einbecker Fassbier gibt.

Auch sonst gibt es viel zu entdecken: Autofans erwartet im **PS.Speicher ⑪** die größte Oldtimersammlung Europas. Besucher können auf Zeitreise durch mehr als 200 Jahre Mobilitätsgeschichte gehen und mehr als 2500 historische Fahrzeuge auf über 22.000 Quadratmeter Ausstellungsfläche bestaunen. Fans von Zweirädern ohne Motor kommen im Radhaus des **Stadtmuseums Einbeck ⑫** auf ihre Kosten. Vom Hochrad bis zum Bonanzarad geht es quer durch die Fahrradgeschichte und im Museumshof kann man sein Fahrgeschick auf historischen Fahrrädern beweisen. Nach so viel Natur und Kultur lockt ein kühles Einbecker Bier am Marktplatz.

*Ein **Bierpfad** führt durch die Biergeschichte von Einbeck. Zum Beispiel in der Tiedexer Straße, wo Fachwerkhäuser mit alten Braudielen von der langen Einbecker Biertradition erzählen.*

PS.Speicher

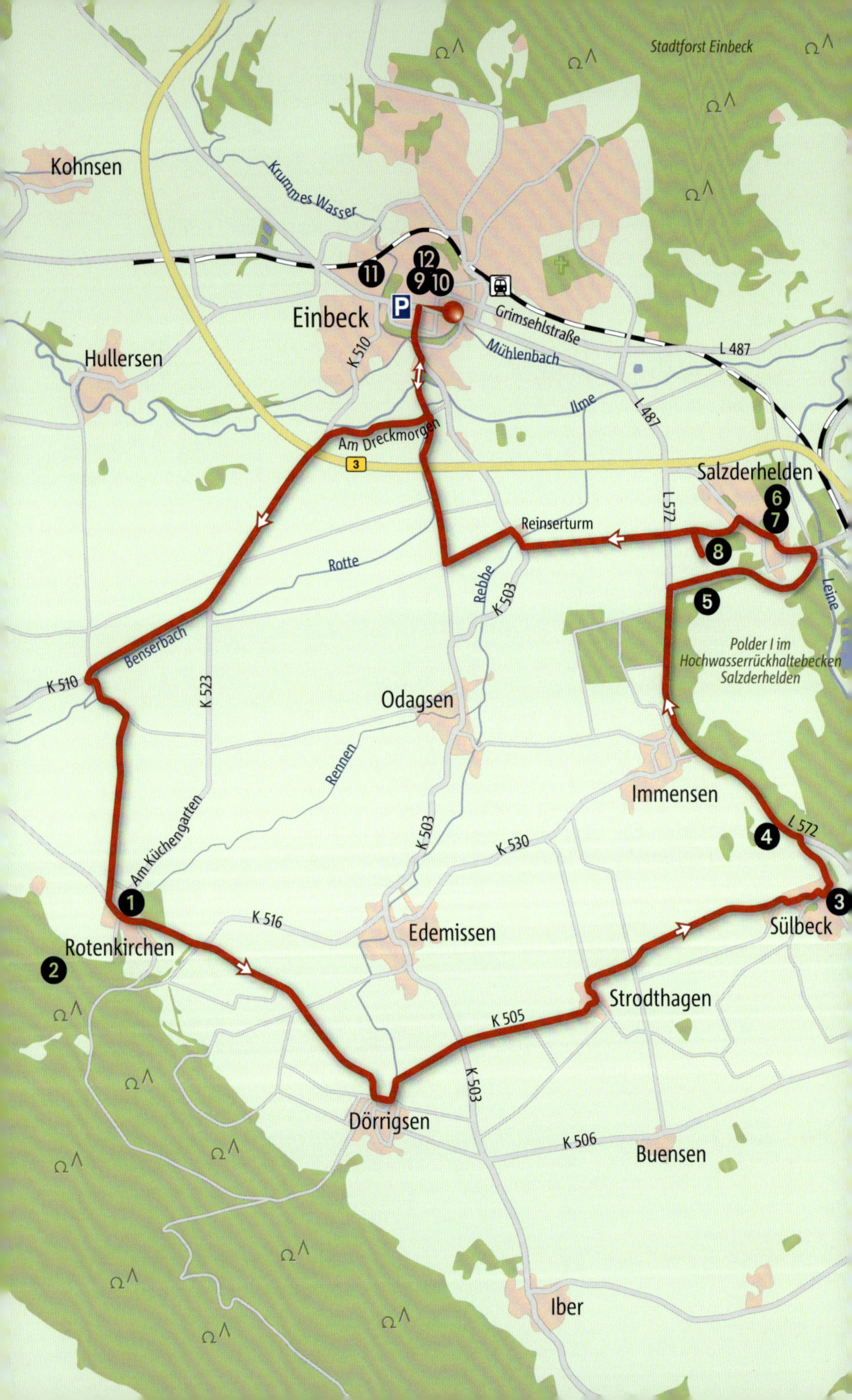
Stadtforst Einbeck
Kohnsen
Krummes Wasser
12
11
9
10
Einbeck
Grimsehlstraße
Mühlenbach
K 510
Hullersen
Ilme
L 487
L 487
Am Dreckmorgen
3
Salzderhelden
6
7
L 572
Reinserturm
8
Rotte
Rebbe
K 503
5
Leine
Benserbach
K 510
K 523
Polder I im Hochwasserrückhaltebecken Salzderhelden
Odagsen
Rennen
Immensen
K 503
L 572
4
Am Küchengarten
K 530
1
3
K 516
Sülbeck
Rotenkirchen
Edemissen
2
Strodthagen
K 505
K 503
Dörrigsen
K 506
Buensen
Iber

Alles auf einen Blick

WIE & WANN:
Hauptsächlich asphaltierte und geschotterte Fahrradwege. Kurze Abschnitte entlang der Straße. Beste Zeit: von Frühjahr bis Herbst. Besonders schön im Sommer, wenn Kornfelder und Sonnenblumen Akzente fürs Auge setzen.

HIN & WEG:
Auto: Parkplatz Hullerser Straße/Einbecker Brauhaus, 37574 Einbeck (GPS: 51.816427, 9.865058)
ÖPNV: R 86 aus Göttingen, RE 2 aus Göttingen, Ülzen und Hannover, RB 82 aus Bad Harzburg und Göttingen bis Bf. Einbeck

ESSEN & ENTSPANNEN:
Burgschänke Salzderhelden ❼ Burgplatz 1, 37574 Einbeck, Tel. (0 55 61) 8 23 68, www.burgschaenke-salzderhelden.de
Brodhaus ❿ Marktplatz 13, 37574 Einbeck, Tel. (0 55 61) 92 41 69, www.brodhaus-einbeck.de

ENTDECKEN & ERLEBEN:
Gutshof Rotenkirchen ❶ Am Küchengarten 1, 37574 Einbeck
Burg Grubenhagen ❷ 37574 Einbeck-Rotenkirchen
Saline Sülbeck ❸ Salinenplatz 6, 37574 Einbeck, www.sülbeck.com
Vogelbeobachtungsplatz ❹
Leinepolder ❺
Heldenburg ❻ Burgplatz 2, 37574 Einbeck
Saline Salzderhelden ❽ 37574 Einbeck, www.saline-salzderhelden.de
Marktplatz Einbeck ❾
PS.Speicher ⓫ Tiedexer Tor 3, 37574 Einbeck, www.ps-speicher.de
Stadtmuseum Einbeck ⓬ Auf dem Steinwege 11–13, 37574 Einbeck

Entspannung ★★★★☆
Genuss ★★★☆☆
Romantik ★★★★☆

Blick zum Weserstein

- 43,1 Kilometer
- 300 Höhenmeter
- 2,5 Stunden
- Rundtour

Weserkuss

Von Hann. Münden durchs Wesertal

700 Fachwerkhäuser stehen in Reih und Glied und machen die kleine Stadt ganz im Süden des Weserberglands zu einer echten Perle. Vor allem ist Hann. Münden jedoch berühmt als Geburtsort der Weser, die hier durch den Zusammenfluss von Werra und Fulda entsteht. So führt diese genussvolle Tour – die auch problemlos verkürzt werden kann – am noch jungen Fluss entlang und lädt zu kleinen Zeitreisen ins Mittelalter ein. Außerdem warten unterwegs zwei Weserlokale mit Charme.

Weserstein

Start der Tour ist am Marktplatz von **Hann. Münden,** von wo wir in Richtung Fuldaufer durch die Altstadtgassen schieben, um unseren Ausflug mit einem Schlenker zum Weserstein zu beginnen. Auf der Mühlenbrücke überqueren wir die Fulda und radeln dann auf der **Insel Tanzwerder** vorbei am Haus Weserstein und am großen Parkplatz zum legendären **Weserstein** ❶. Er steht dort, wo sich Werra und Fulda zur Weser vereinen. Ein bisschen versteckt unter einer mächtigen Kastanie und meist umlagert von Besuchern.

Wenn wir das Erinnerungsfoto im Kasten haben, fahren wir zurück, am Haus Weserstein vorbei und weiter zur Bundesstraße, wo wir rechts über die Fuldabrücke in Richtung Höxter fahren.

*„Wo Werra und Fulda sich küssen, sie ihre Namen büßen müssen. Und hier entsteht durch diesen Kuss – deutsch bis zum Meer – der Weserfluss." So steht es auf dem **Weserstein** seit 1899.*

Wir folgen linksseitig der Weser und orientieren uns dabei immer am Radwegsymbol. Meist geht es auf den ersten Kilometern auf einem Radweg an der Bundesstraße entlang – nicht der schönste Teil der Tour, aber die Geduld wird belohnt werden. Rechts von uns liegt der Fluss, der hier noch jungfräulich ist, links ragt der **Reinhardswald** auf, eines der größten zusammenhängenden Waldgebiete in Deutschland.

Im Ort **Reinhardshagen** schwenkt der Fahrradweg nach rechts in Richtung Weserufer und wir tauchen unvermittelt in eine Idylle ein. Zur Linken liegen Fachwerkhäuser, am Weserufer zur Rechten stehen unter alten Weiden Bänke, die zu einer Pause einladen. Wunderbar kann man hier beobachten, wie das ein oder andere Kanu vorbeigleitet. Wie wär's mit einem Kaffee oder einer Erfrischung? Die **Cafeteria am Weserufer** ❷ freut sich auf hungrige und durstige Radler. Man sitzt sehr entspannt unter Kastanien und Weiden und kann nach Lust und Laune sogar eine Partie Minigolf einplanen. Unbedingt einen Besuch wert ist auch die frühgotische **Gemeindekirche** ❸ im

Ortsteil Vaake, deren Wandmalereien im Chor Bibelgeschichten erzählen. Ein ruhiger, würdevoller Ort.

Im Ortsteil **Veckerhagen** säumen Apfelbäume den Radweg, bevor er einen Schlenker in den Ort macht, der Industriegeschichte schrieb. Der Hugenotte Denis Papin baute in der hiesigen Kurhessischen Eisenhütte im Jahr 1699 den ersten Dampfzylinder und entwickelte daraus eine Hochdruckdampfpumpe. Fortan exportierte man aus Veckerhagen Eisenwaren von der Kanonenkugel bis zur Bratpfanne bis nach Bremen und Holland auf dem Wasserweg.

Wer sich für Industriegeschichte interessiert, sollte einen Schlenker zur ehemals landgräflichen ***Eisenhütte*** *in der Oberen Kasseler Straße einplanen, in der Denis Papin (1647–1712) im Jahr 1699 den ersten Dampfkessel der Welt gießen ließ.*

Warten an der Fähre

Für die Seele

Romantische Uferlandschaften entlang der Weser, ein Biergarten am Wasser, außerdem einige Kirchen und ein Kloster mit einer besonderen Aura.

*Das traditionsreiche **Gasthaus zur Fähre** ist Bikertreff und beliebte Anlaufstelle von Radlern. Gemütlich ist's in der Gaststube wie im Biergarten unter Kastanien, wo einfache, deftige Küche auf den Tisch kommt. Der Stramme Max hat Kultstatus.*

Wir biegen im Ortszentrum nach rechts in die Straße **Untere Weser** zum Fähranleger in Richtung Hemeln ab. Die südlichste der **Gierseilfähren** ❹ über die Weser, die nach alter Fährmannstradition nur mit Wasserkraft von einer Seite zur anderen gleiten, hat meist viel zu tun. In der Regel muss man aber nur wenige Minuten warten, bis der Fährmann wieder anlegt und für einen geringen Obulus Pkws und Radler auf die andere Weserseite bringt. Am dortigen Ufer liegt mit dem **Gasthaus zur Fähre** ❺ ein Kultlokal, in dem vor allem am Wochenende immer viel los ist.

Wer lieber die Auszeit im Biergarten verlängert, statt nach **Bursfelde** zu radeln, lässt den Schlenker einfach aus und spart 14 Kilometer. Es wäre aber schade drum, denn Kloster Bursfelde ist ein wunderbares Ziel mit spiritueller Strahlkraft. Dafür starten wir – nun rechts der Wester – mit einer Runde durch den hübschen Ort **Hemeln.** Einen Stopp an der **Marienkirche** ❻, vor der im Sommer die Hortensien blühen, sollte man nicht versäumen. Es gibt eine Bank, wo man mit dem

Gasthaus zur Fähre

Blütenpracht an der Marienkirche

Rücken zum Weserufer sitzt und die bezaubernde Stimmung genießen kann – mit Blick auf ein Birkenkreuz, eine alte Linde und das noch ältere Gemäuer. Rund um die Kirche stehen zahlreiche gepflegte, bestens restaurierte Fachwerkhäuser, die oft noch aufwendig gestaltete Hausinschriften tragen und schöne Fotomotive sind.

Wenn wir Hemeln hinter uns gelassen haben, erwartet uns wieder ländliche Idylle zwischen Weserufer und Kornfeldern. Auf Weiden grasen Kühe und Störche staksen auf Beutezug durchs Gras. Wir folgen auch hier immer dem Radwegsymbol. Nach rund 3 Kilometern geht es knackig, aber glücklicherweise nur kurz bergauf, bevor der Weserradweg in den Wald einbiegt und wir uns auf dem Hochufer wiederfinden. Wenn wir den Ort **Glashütte** erreichen, sehen wir in der Ferne schon die Türme von Kloster Bursfelde aufragen.

Kloster Bursfelde ⑦, eine ehemalige, im 11. Jahrhundert gegründete Benediktinerabtei, erlebte wie die meisten Klöster der Region mit der Reformation einen Wendepunkt. Es ist auch heute noch ein Ort des Glaubens als „geistliches Zentrum Kloster Bursfelde".

*Zum **Geistlichen Zentrum** gehört neben der Kirche ein Tagungshaus mit umfangreichem Seminarprogramm zu den Themen Einkehr und Stille. Eine Pilgerherberge bietet Übernachtungsmöglichkeiten für Pilger auf dem Pilgerweg Loccum-Volkenroda.*

Die schlichte romanische Klosterkirche ist unterteilt in eine Ost- und eine Westkirche mit Wandmalereien aus dem 15. Jahrhundert. Wunderbar die Szene an der Empore der Westkirche, die den heiligen Michael als Drachentöter zeigt. In der Ostkirche finden noch regelmäßig Gottesdienste statt sowie angeleitete Gebete. Neben dem Kirchenschiff lädt ein „Raum der Ruhe" ein, eine Kerze anzuzünden. Das gesamte Ensemble ist ein Ort der Stille und des Gebets mit einer Aura, der sich wohl niemand entziehen kann.

Hungrig nach dem Kunstgenuss? Vor der Pilgerherberge gibt es Picknickbänke, aber auch ein Lokal lockt ganz in der Nähe. Wir müssen in Richtung Norden nur einmal um die Kurve radeln und stehen schon vor der **Klostermühle 8**. Auf der gemütlichen Terrasse mit Weserblick serviert man gehobene Küche – ob Wildschweinbraten oder Veggiebowl, garantiert ist für jeden Geschmack etwas dabei.

Gestärkt geht es zurück auf dem gleichen Weg nach Hemeln. Vor dem Fährhaus biegt dort der Radweg nach links ab, auf dem wir – wie immer dem Radwegsymbol folgend – bis **Hann. Münden** rollen. Vom oberen Radweg aus haben wir, wenn wir uns der Dreiflüssestadt nähern, besten Blick auf den Zusammenfluss von Werra und Fulda am Weserstein. Auf einer der ältesten Steinbrücken Deutschlands, der **Alten Werrabrücke 9** aus dem Jahr 1230, laufen wir in der Stadt ein.

Jetzt sollten wir die Räder parken und uns Zeit nehmen für einen Bummel durch die Weserstadt.

Zusammenfluss von Werra und Fulda

Fachwerkstadt Hann. Münden

Prunkstück am Marktplatz ist das **Rathaus ⑩**, ein steinernes Monument der Weserrenaissance zwischen lauter Fachwerkbauten. Wer um 12, 15 oder 17 Uhr vor Ort ist, sollte sich das **Glockenspiel** am Rathaus nicht entgehen lassen. Es zeigt einen der berühmtesten Besucher der Stadt – Doktor Eisenbart (1663–1727) – in Aktion. Als fahrender Arzt, der vom Augenleiden bis zu Zahnschmerzen und Leistenbrüchen alles kurierte, wurde er wie ein Popstar gefeiert. Er starb in einem Mündener Gasthof und wurde in der **Aegidienkirche** bestattet. Beim Abendessen oder bei einem Drink können wir in einem Lokal auf dem Marktplatz die Tour ausklingen lassen.

Rathaus mit Glockenspiel

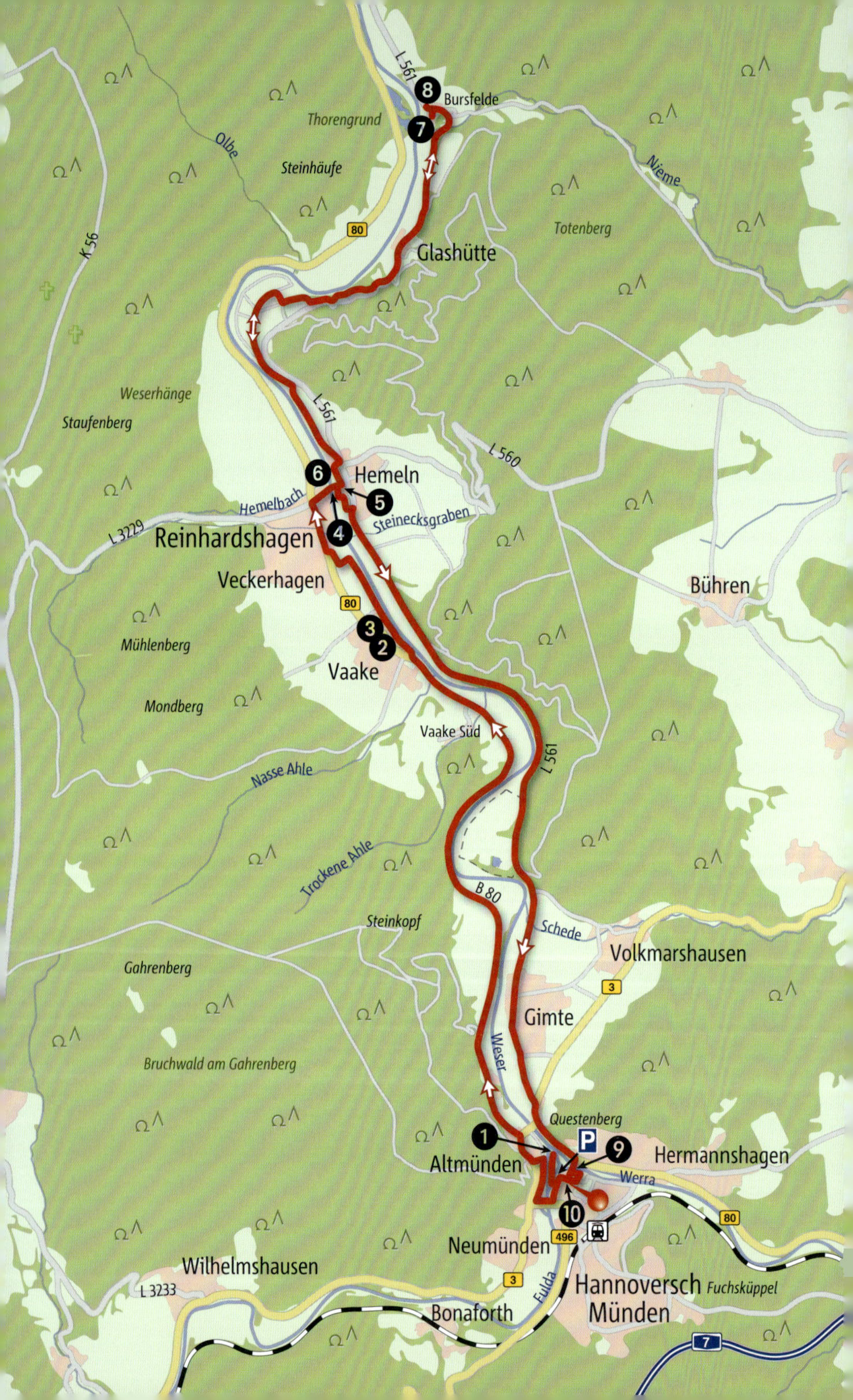
L 561
8
Bursfelde
7
Thorengrund
Olbe
Steinhäufe
Nieme
K 56
80
Glashütte
Totenberg
Weserhänge
Staufenberg
L 561
L 560
6
Hemeln
5
Hemelbach
Steinecksgraben
L 3229
Reinhardshagen
4
Veckerhagen
Bühren
80
3
2
Mühlenberg
Vaake
Mondberg
Vaake Süd
L 561
Nasse Ahle
Trockene Ahle
B 80
Steinkopf
Schede
Volkmarshausen
Gahrenberg
3
Gimte
Weser
Bruchwald am Gahrenberg
Questenberg
1
P
9
Hermannshagen
Altmünden
Werra
10
80
496
Neumünden
Wilhelmshausen
L 3233
3
Fulda
Hannoversch Münden
Fuchsküppel
Bonaforth
7

Alles auf einen Blick

WIE & WANN:
Unterwegs ist man auf asphaltierten oder geschotterten Fahrradwegen. Eine knackige, aber kurze Steigung. Beste Zeit: von Frühjahr bis Herbst. Besonders schön an warmen Sommertagen, wenn Einkehrmöglichkeiten auf Terrassen oder im Biergarten locken.

HIN & WEG:
Auto: Parkplatz Tanzwerder/Weserstein, 34346 Hann. Münden (GPS: 51.419547, 9.648594)
ÖPNV: RB 83 aus Göttingen, RE 2 Kassel Wilhelmhöhe, RE 9 Halle (Saale) bis Bf. Hann. Münden

ESSEN & ENTSPANNEN:
Cafeteria am Weserufer ❷ Am Weserufer 24 a, 34359 Reinhardshagen, Tel. (0 55 44) 9 99 71 88
Gasthaus zur Fähre ❺ Fährstraße 5, 37688 Hemeln, Tel. (0 55 44) 5 79, www.gasthaus-zur-faehre.de
Klostermühle ❽ Klosterhof 24, 34346 Hann. Münden, Tel. (0 55 44) 8 98 99 98, www.klostermuehle-bursfelde.de

ENTDECKEN & ERLEBEN:
Weserstein ❶ Tanzwerder 5-7, 34346 Hann. Münden
Gemeindekirche Vaake ❸ Am Weserufer, 34359 Reinhardshagen
Gierseilfähre Hemeln ❹ Weserstraße, 34359 Reinhardshagen
Marienkirche Hemeln ❻ Marienkirchstraße 7, 34346 Hann. Münden
Kloster Bursfelde ❼ Klosterhof 5, 34346 Hann. Münden, www.kloster-bursfelde.de
Alte Werrabrücke ❾
Rathaus mit Glockenspiel ❿ Lotzestraße 2, 34346 Hann. Münden

Entspannung ★★★★☆
Genuss ★★★★★
Romantik ★★★★☆

Schloss Pyrmont
48 Kilometer
340 Höhenmeter
3,5 Stunden
Rundtour

Die entspannte Halbtagestour führt vom historischen Kurbad Pyrmont durch das romantische Tal der Emmer nach Grohnde an der Weser und zurück. Für Kunstgenuss unterwegs sorgt Schloss Hämelschenburg, ein Juwel der Weserrenaissance.

Bad Pyrmont war ein Modebad des 18. Jahrhunderts, wo schon gekrönte Häupter wie Zar Peter der Große, Friedrich der Große oder Königin Luise von Preußen ihre Gesundheit pflegten. Doch die Wellnesskultur des Ortes begann bereits 1502, als man die Heilquelle des Hylligen Born entdeckte.

*Neben Natursole gibt es in Bad Pyrmont auch Moor und Kohlensäurequellgas in Hülle und Fülle – eine Vielfalt an natürlichen **Heilmitteln,** die in Deutschland einzigartig ist –, und die Wunderstoffe der Natur entfalten wie eh und je ihre Heilwirkung.*

Am **Bahnhof** unterqueren wir nach rechts die S-Bahn-Strecke und folgen dann der Straße In der Marsch bis nach Thal. Vor uns liegen die bewaldeten Hügel des Wesergebirges und wir sind unterwegs auf der Straße der Weserrenaissance. Auf einer Brücke überqueren wir – bevor wir den Ort erreichen – wieder die Emmer und genießen den Blick ins idyllische **Emmertal** ❶. Eine Zauberwelt in Grün und eine Auszeit für die Seele. Was für ein Glück, dass das Flüsschen zwischen Bad Pyrmont und seiner Mündung in die Weser im Ort Emmerthal unter Naturschutz steht!

Unterwegs

Links biegen wir in die Angerstraße ab, die bald auf

Kur & Kultur

Von Bad Pyrmont durchs Emmertal

Emmertal

die Hauptstraße stößt, der wir nach links in **Richtung Welsede** folgen. Hier zweigt die Hauptstraße nach links ab, wir fahren geradeaus auf dem Radweg weiter, der dem Lauf der Emmer durch Wiesen und am Waldrand entlang folgt. Es summt und brummt im Naturparadies, der Rest ist Stille. Eine Strecke, die perfekt zum Entschleunigen geeignet ist. Der gepflasterte Weg mündet nach einer Weile in einen Waldweg, gesäumt von Farnkraut. Nach einer leichten Steigung geht es gemütlich weiter – begleitet vom Vogelkonzert – durch schattigen Buchenwald. Zur Linken taucht Schloss Hämelschenburg am anderen Flussufer auf, das wir auf dem Rückweg erkunden können, und auf der Wiese nebenan blöken die Schafe. Naturidylle.

Immer am Emmerufer entlang geht es nach **Emmerthal,** wo der Emmerradweg an der Weserbrücke endet. Wir überqueren den Fluss und biegen nach rechts auf den Weserradweg ab. Am gegenüberliegenden Ufer ragen die Türme des Kraftwerks Grohnde in den Himmel, das Ende 2021 seinen Leistungsbetrieb einstellte. Wir nehmen Kurs auf das Grohnder Fährhaus (4 Kilometer) auf einem stillen und romantischen Stück Weserradweg, den hier windschiefe Weiden säumen. Direkt an der **Grohnder Fähre,** mit der wir später übersetzen, liegt das **Grohnder Fährhaus** ❷ mit Campingplatz und Hotel. Es ist perfekt auf Radler eingestellt: Auf dem Fahrradparkplatz stehen Luftpumpe und Werkzeug zur Verfügung. Ein wunderbarer Platz für eine Einkehr ist es außerdem. Wir lassen es uns schmecken und schauen dabei auf die Weser, die träge dahinfließt, und auf die Grohnder Fachwerkidylle am anderen Ufer. Und auch den Fährverkehr haben wir bestens im Blick.

Landidylle

Für die Seele

Im stillen Emmertal kann man die Natur genießen, im Schloss Hämelschenburg in der Weserrenaissance schwelgen und mit Weserblick gemütlich einkehren.

Grohnder Fähre

Direkt vor dem Fährhaus setzt die **Gierseilfähre 3** über, die Radfahrer für einen geringen Obolus ans andere Ufer bringt. Eine Gierseilfähre gleitet allein durch die Kraft des Wassers von einer Seite auf die andere. Dafür wird über Seilwinden der Winkel der Fähre zur Strömung verändert.

Nach wenigen Minuten radeln wir durch einen Fachwerkbogen. Zur Linken liegt **Schloss Grohnde 4**, dessen älteste Teile aus dem 14. Jahrhundert stammen. Die schlichte Vierflügelanlage mit quadratischem Innenhof wird von einem Torturm überragt. Heute gehört die Schlossanlage dem Land Niedersachsen, das sie als Staatsdomäne verpachtet hat. Wir riskieren einen Blick und nehmen auf dem Weserradweg Kurs zurück auf Emmerthal. Dabei folgen wir stets dem Symbol des Fahrradwegs, der uns um das Kraftwerk herumleitet, bevor es am Weserufer weitergeht.

Nun radeln wir quer durch **Emmerthal** und über die Emmerbrücke in den Ortsteil Emmern. Nach einer Weile biegen wir links in den Erzener Weg ab und radeln auf dem Wirtschaftsweg quer durch die Felder. Wo er sich gabelt, fahren wir links den Aerzener Weg bergauf, der sich um den Baßberg schlängelt. Wir tauchen noch einmal in den Buchenwald ein – wunderbar schattig an heißen Tagen. Wenn wir einen Baumstumpf mit rotem Ring erspähen, biegen wir rechts ab und rollen sanft bergab. Die Straße Steiniger Weg trifft auf die Schloßstraße, die wir überqueren. Dann fahren wir auf dem Fahrradweg direkt auf das **Schloss Hämelschenburg** 5 zu. Wie im Märchen! Verspielte Türmchen recken sich uns entgegen. Wir würden uns nicht wundern, wenn Dornröschen und ihr Prinz gleich aus der Tür treten würden.

Links der Straße liegen Wirtschaftsgebäude und **Schlosscafé** 6 und dort stellen wir auch unsere Räder ab. Im oberen Teil liegt das Renaissancewasserschloss, das – von 1588 bis 1613 errichtet – zu den Juwelen der

*In der Mitte der Renaissanceanlage steht die **Kirche St. Marien,** die nach einem Brand 1563 als erster frei stehender protestantischer Kirchenbau in Deutschland nach der Reformation errichtet wurde.*

Schloss Hämelschenburg

Weserrenaissance und zu den bedeutendsten Renaissanceanlagen in Deutschland zählt und seit Jahrhunderten im Privatbesitz der Familie Klencke ist. Mit Kirche, Wirtschaftsgebäuden und Park bietet das Schloss ein geschlossenes Ensemble, das noch dazu vollständig erhalten ist. Im Rahmen von Führungen (50 Minuten) können wir es besuchen und auf Zeitreise gehen.

Eine starke Frau: ***Anna von Holle*** *(1567–1630), die erste Schlossherrin, verteidigte ihr Zuhause während des Dreißigjährigen Krieges in Abwesenheit des Mannes allein vor Zerstörung, indem sie Graf von Tilly entgegenritt und einen Schutzvertrag aushandelte.*

Die historischen Räume von Schloss Hämelschenburg sind so eindrucksvoll wie der oberhalb davon gelegene **Schlosspark 7**, in dem Bäume, die normalerweise nicht in unseren Breiten gedeihen, von der Sammelleidenschaft früherer Schlossherren zeugen. Wunderbar spaziert es sich zwischen Sequoias, Redwood und Ginkgobäumen. Mittendrin entdecken wir eine Pyramide – die originelle Grablege für Friederike

Kirche St. Marien

von Meding, die Frau eines der Schlossherren. Sie starb auf einer Reise durch Ägypten, bevor sie die Pyramiden sehen konnte. Deshalb wurde sie in einer Pyramide begraben. Wenn das nicht romantisch ist! Es lohnt sich unbedingt, noch um den Schlossteich herumzulaufen, in dem sich Schloss Hämelschenburg fotogen spiegelt. Die vielfältigen Eindrücke können wir bei Kaffee und Kuchen auf der Terrasse des Cafés Revue passieren lassen.

Zurück nach Bad Pyrmont führt unser Weg durch den Ort **Hämelschenburg –** mal entlang, mal abseits der Straße. Zur Linken öffnet sich wieder der Blick ins Emmertal. Noch einige Kilometer begleitet uns der Fluss, bis wir hinter Amelgatzen die Emmer überqueren und auf schon bekanntem Weg durch Welsede, Thal und Löwensen fahren. In Löwensen folgen wir aber in der Kurve dem Wegweiser nach **Bad Pyrmont** Mitte. Schon bald laufen wir in der eleganten Kurstadt ein, in der es noch einiges zu entdecken gibt. Der **Kurpark** ❽ ist ein

Hylliger Born

grünes Paradies und lädt zu einem entspannten Spaziergang ein.

Vor allem der **Palmengarten,** die größte Palmenfreianlage nördlich der Alpen mit über 500 Kübelpflanzen und bis zu 11 Meter hohen Palmen, ist ein Seelenplatz und ein herrlicher Ort, um die Radtour ausklingen zu lassen. Auf einem Kunstpfad können Besucher im Kurpark außerdem die Werke internationaler Künstler der jüngsten Vergangenheit entdecken. Einfach treiben lassen und genießen!

Dann noch ein Schlenker zum Brunnenplatz, wo ein Pavillon den **Hylligen Born** 9 überwölbt, die wichtigste Heilquelle des Ortes. Dahinter liegt die Hauptallee, gesäumt von Linden und vielen Straßencafés. Wie wäre es mit einer letzten Einkehr? Dann radeln wir die Allee hinab in Richtung Schloss Pyrmont.

Hemlocktannen aus den Rocky Mountains, Fichten aus dem Kaukasus, die Schönfrucht aus China oder die Kobushi-Magnolie aus Japan sind Beispiele für die internationale Vielfalt, die den Pyrmonter ***Kurpark*** *kennzeichnet.*

Ein stilvoller Abschluss für unsere Tour ist der Schlossplatz, von wo wir – mit dem **Wasserschloss** ⑩ im Rücken – nach links und auf der Bahnhofstraße immer geradeaus zurück Richtung Bahnhof radeln. Das Schloss von Bad Pyrmont stammt aus dem frühen 16. Jahrhundert, wurde aber in den folgenden Jahrhunderten vielfach verändert. Heute ist es ein Museum, in dem man Schloss- und Kurbadgeschichte hautnah erleben kann. Auf dem Weg zum Bahnhof überqueren wir auf einer Brücke noch einmal die Emmer.

Arkadengang

Kurpark

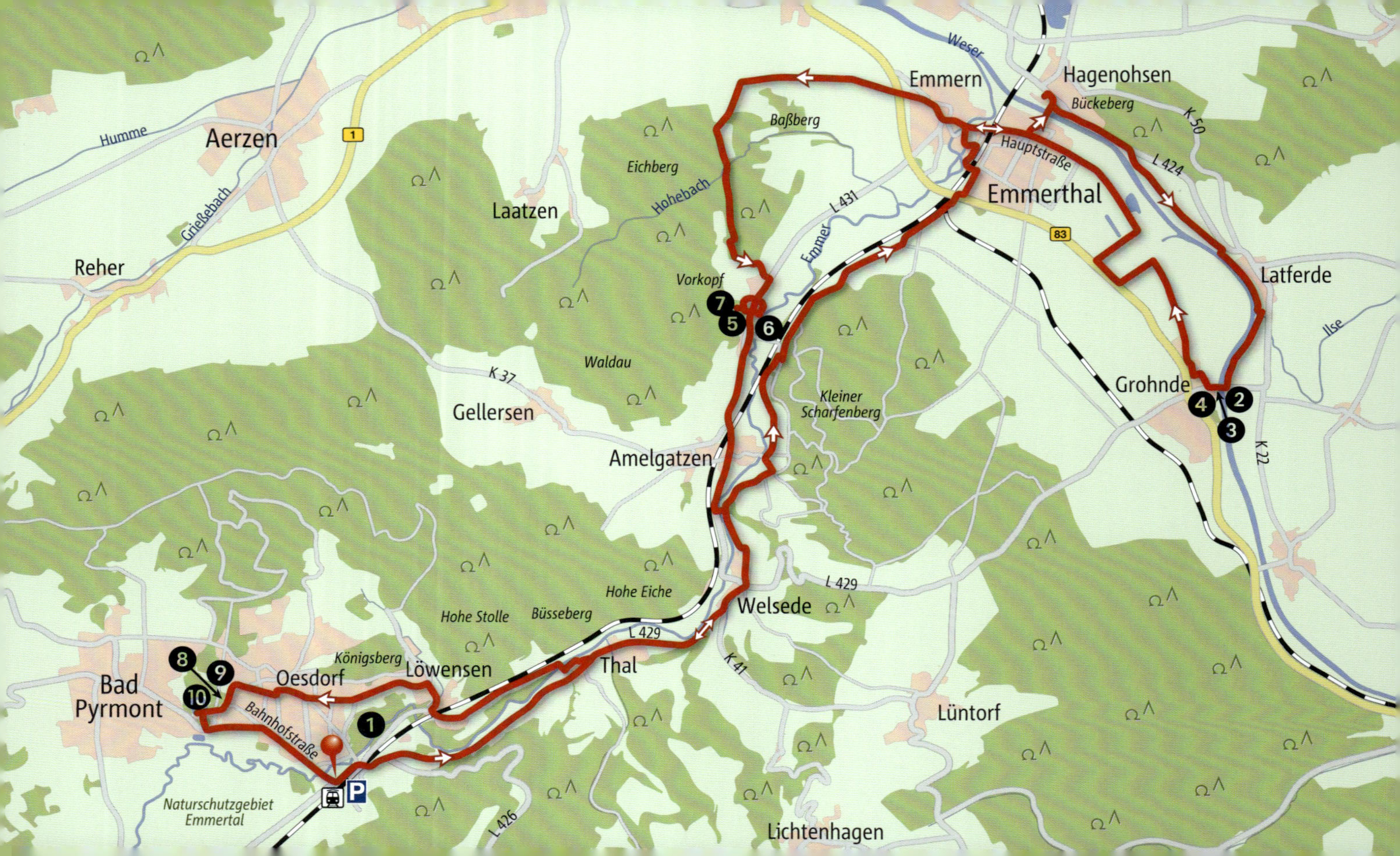

Emmern
Hagenohsen
Bückeberg
Weser
K 50
Aerzen
Humme
1
Baßberg
Hauptstraße
Eichberg
L 424
Emmerthal
Laatzen
Hohebach
L 431
Gießebach
83
Reher
Emmer
Latferde
Vorkopf
Waldau
Ilse
K 37
Grohnde
Gellersen
Kleiner Scharfenberg
K 22
Amelgatzen
L 429
Hohe Eiche
Welsede
Hohe Stolle
Büsseberg
L 429
Königsberg
Löwensen
Thal
K 41
Bad Pyrmont
Oesdorf
Lüntorf
Bahnhofstraße
Naturschutzgebiet Emmertal
L 426
Lichtenhagen

Alles auf einen Blick

WIE & WANN:
Überwiegend Rad- und Wirtschaftswege sowie Nebenstraßen mit wenig Autoverkehr, aber die ein oder andere Steigung. Beste Zeit: von Frühjahr bis Herbst.

HIN & WEG:
Auto: Parkplatz Bahnhof Bad Pyrmont, 31812 Bad Pyrmont (GPS: 51.974957, 9.272895)
ÖPNV: S 5 aus Hannover und Paderborn bis Bf. Bad Pyrmont

ESSEN & ENTSPANNEN:
Grohnder Fährhaus ❷ Grohnder Fähre 1, 31860 Emmerthal,
Tel. (0 51 55) 34 79 82, www.grohnder-faehrhaus-hotel.de
Café Schloss Hämelschenburg ❻ Schlossstraße 1, 31860 Emmerthal,
Tel. (0 51 55) 95 16 90, www.schloss-haemelschenburg.de

ENTDECKEN & ERLEBEN:
Emmertal ❶
Gierseilfähre ❸ 31860 Emmerthal
Schloss Grohnde ❹ Weserstraße 20, 31860 Emmerthal
Schloss Hämelschenburg ❺ Schlossstraße 1, 31860 Emmerthal
Schlosspark ❼ 31860 Emmerthal
Kurpark Bad Pyrmont ❽ Heiligenangerstraße 9–11, 31812 Bad Pyrmont
Hylliger Born ❾ Am Hylligen Born 7, 31812 Bad Pyrmont
Wasserschloss ❿ Schlossstraße 13, 31812 Bad Pyrmont

Entspannung ★★★★☆
Genuss ★★★☆☆
Romantik ★★★★☆

Rittergut Bisperode
22,4 Kilometer
280 Höhenmeter
1,5 Stunden
Rundtour

Auf der Ithschleife rund um den Flecken Coppenbrügge, wo das Leben noch seinen geruhsamen Gang geht, verläuft diese gemütliche kleine Runde. Eine Tour, die garantiert auch an Sommerwochenenden nicht überlaufen ist.

Startpunkt ist an der **Burg Coppenbrügge** ①, im Herzen des kleinen Ortes. Errichtet wurde die Anlage von den Grafen von Spiegelberg zwischen 1280 und 1300. Mit dem Eingangstor der Burg im Rücken geht es zunächst nach links in die Schloßstraße, wiederum kurz links in die Dammstraße, dann gleich rechts in die Gartenstraße und sofort wieder links in die Schulstraße, der wir bis zum Ende folgen. Links fahren wir dann in die Poststraße und an ihrem Ende rechts in die Brunnenstraße, dann geht es über die Bahngleise.

Burg Coppenbrügge

Die Route führt nach links weiter, aber zuvor lohnt ein Stopp. Direkt vor uns liegt nämlich das **Krankenhaus Lindenbrunn** ②, das auf einen Gesundbrunnen aus dem Jahr 1531 zurückgeht. Im ausgehenden 18. Jahrhundert entstand um den Brunnen ein Kur- und Badebetrieb, der stetig mehr Gäste anzog. 100 Jahre später veredelte man das Hauptgebäude, das auch heute noch das Herzstück der Klinik ist, mit einem Weserrenaissancegiebel.

Landidylle am Ith

Runde ab Coppenbrügge

Marienau

Wir fahren nun ein Stück an der Bahn entlang durch eine entschleunigte Landschaft. Nur selten unterbricht ein Zug, der auf den Bahngleisen vorbeirauscht, die Stille. Rechts ragt der Ith auf, ein Mittelgebirgszug, dessen höchste Erhebung der **Lauensteiner Kopf** (439 Meter) ist, und den wir heute umrunden wollen.

Wir erreichen bald den Coppenbrügger Ortsteil **Marienau,** wo sich alte Bauernhäuser und Neubauten mischen. Der Radweg führt weiter nach rechts in Richtung Lauenstein (4,2 Kilometer), aber wir machen einen kleinen Schlenker zur anderen Seite – zum ehemaligen **Kloster Marienau,** wo mit dem Klostergarten eine kleine Kostbarkeit wartet. Die Karmelitermönche, die ab dem Mittelalter im Kloster lebten, betreuten eine Wallfahrt. Geblieben ist vom Klosterkomplex nur die **St.-Marien-Kapelle** ❸ – umringt vom zauberhaften Garten, in dem mancherlei Kräuter wie der Mönchspfeffer wachsen. Ab dem späten Frühjahr ein hübscher Platz zum Abschalten bei

„Höhenzug im Weserbergland, mit 3 Buchstaben"
*Den **Ith** kennen viele dem Namen nach aus Kreuzworträtseln. Er ist mit seinen Wanderwegen und Kletterfelsen ein beliebtes Freizeitziel in der Region.*

Blühender Raps

Kräuterduft und Blütenpracht. Wir drehen eine Schnupperrunde, bevor wir wieder in die Pedale treten. Besonders intensiv duften im Sommer die Rosen.

Nun fahren wir weiter Richtung Lauenstein, immer dem Radwegsymbol folgend. Es geht über die Bahngleise schräg nach rechts auf dem Ith-Hils-Weg – immer an den Ausläufern des Ith entlang. Zwischen den Rapsfeldern hindurch, die im Frühjahr sonnengelb blühen und immer auch ein paar Sonnenstrahlen ins Herz schicken.

Ab und zu lohnt es sich anzuhalten und den Weitblick auf das Wesergebirge zu genießen. An Abzweigen folgen wir immer dem Hinweis nach Lauenstein

St. Peter und Paul

Für die Seele

Wir genießen eine stille Mittelgebirgslandschaft mit weiten Blicken vom Ith ins Weserbergland. Unterwegs warten kleine Schätze am Wegesrand.

(1,7 Kilometer). Der nächste Abzweig nach rechts führt uns in Richtung Naturfreundehaus. Nun erreichen wir bald das Ortseingangsschild Lauenstein.

An der nächsten Kreuzung geht es rechts in die Straße Im Flecken mit seiner hübschen Fachwerkzeile und der mächtigen **Kirche St. Nikolai,** die Gotik und Barock vereint. Wir bleiben auf der Straße, die sich als Ithstraße (L 425) stetig bergauf schlängelt. Zur Belohnung folgt eine wunderbare lange Abfahrt, auf der wir den kühlen Fahrtwind genießen. An der nächsten Kreuzung biegen wir in die L 588 ein und folgen dem Hinweisschild nach **Bisperode.**

Das Dorf durfte 2022 seinen 1000. Geburtstag feiern. Ein Hingucker ragt schon bald an der Dorfstraße (Küthestraße) auf: die Gemeindekirche St. Peter und Paul mit Fachwerk und mächtigem Turm mit Haube. Wir lassen sie aber zunächst rechts liegen und biegen bei nächster Gelegenheit rechts zum **Rittergut Bisperode** ❹ ab, einem hochherrschaftlichen Dreiflügelbau, den ein Wassergraben umgibt. Ein Paderborner Fürstbischof ließ das Anwesen gegen 1700 erbauen, 1875 gingen Schloss und Gut in bürgerlichen Besitz über. Auch heute ist das Anwesen privat und nicht zu besichtigen, aber von außen können wir den stattlichen Bau bestaunen. Gegenüber liegen die Wirtschaftsgebäude.

Die Räder parken wir und nähern uns auf dem Fußweg von hinten der **Gemeindekirche St. Peter und Paul** – ein trutziger Bau mit einem romanischen Turm und barocken Langhaus. Wie die meisten evangelischen Kirchen ist sie verschlossen, aber auch von außen beeindruckend. Nach der kleinen Besichtigungsrunde rollen wir auf der Küthestraße weiter zum Ortsausgang. Dort geht sie in die Bessinger Straße über und für uns geht es hier auf dem Radweg neben der Straße weiter. Wie der Name schon verrät, führt die Bessinger Straße nach **Bessingen** – ein typisch niedersächsischer Ort mit vielen Backsteingebäuden. Von der Hauptstraße durch den Ort biegen wir rechts in den Schwefelborn ab. Wenn es penetrant nach faulen Eiern stinkt, haben wir die **Schwefelquelle** **5** erreicht.

Schwefelquelle

Das Wasser ist trinkbar, ergaben Untersuchungen, und tatsächlich schmeckt es viel besser, als es riecht. Wir bilden uns ein, dass es auch gesund ist, füllen unsere Trinkflasche und lassen uns das frische Quellwasser auf der Bank neben der Quelle schmecken. Eine erquickende Pause.

Dann lassen wir die Schwefelquelle links liegen und biegen am nächsten Abzweig links in den Stinkenbornfeldweg/Quellenweg ein. Auch am nächsten Abzweig geht es links, dann gleich wieder rechts. Noch einmal führt uns der Radweg nach links – immer auf die Windräder zu – und wieder nach rechts. Bald erreichen wir eine Schutzhütte für Wanderer und dahinter einen **Aussichtspunkt** ⑥, wo eine Bank zum Verweilen einlädt. Mit Frontalblick auf die Windmühlen der Neuzeit und das weite Land dahinter – im Westen bis nach Hameln. Von dort soll der Rattenfänger 1284 mit 130 entführten Kindern zum Koppenberg (der Ith bei Coppenbrügge) aufgebrochen sein. Möglicherweise ist die Gruppe hier vorbeigekommen, bevor sie spurlos verschwand. In der Ferne hört man leise das Rauschen der Zivilisation, von den Bäumen das Zwitschern der Vögel. Mit ein bisschen Fantasie vielleicht auch das Flötenspiel des Rattenfängers.

Aussichtspunkt

Unbedingt auch einen Blick in die kleine Schutzhütte werfen, wo Tafeln über Flora und Fauna informieren. Durch das Fenster blicken wir direkt auf eine junge Süntelbuche. Wegen ihrer eigentümlichen Form bezeichnete man die Bäume früher als Hexenholz oder Teufelsbuche.

Eine entspannte Abfahrt führt nach **Coppenbrügge** zurück. Am nächsten Abzweig liegt rechts ein idyllischer Picknickplatz, wo wir die Brotzeit auspacken können. Aber auch der Garten des **Restaurants Felsenkeller 7**, das direkt vor uns liegt, ist gemütlich.

Burgmuseum

Vom Felsenkeller geht es leicht bergab zum historischen Ortskern mit der Burg – unserem Ausgangpunkt. Für ein romantisches Finale der Tour sorgt **Burg Coppenbrügge,** die Ruine einer Wasserburg aus dem 13. Jahrhundert, die im Laufe der Zeit immer wieder ihr Gesicht veränderte und heute in einen Park eingebettet ist. Was für ein wunderbarer Ort! Außer den Mauern steht von der Burg heute nur noch das Kanzleigebäude an der Rückseite des Burghofs. Dort erzählt ein liebevoll gestaltetes **Museum,** das in der zweiten Wochenhälfte geöffnet ist, Kapitel aus der Natur- und Kulturgeschichte der Region und erweckt Erinnerungen an den berühmtesten Gast der Burg zum Leben: 1697 durchtanzte hier Zar Peter der Große die Nacht mit Kurfürstin Sophie von Hannover. Nach dem informativen Rundgang können wir uns im hübschen **Café im Burghof 8** mit Kaffee und selbst gebackenen Kuchen verwöhnen lassen. Ein genussvoller Ausklang dieser abwechslungsreichen Tour.

!

Noch nicht ausgepowert? Im Funsport-Areal ***Ithkopf-Park*** *gibt es neben Singletrails für Mountainbiker auch einen Bewegungsparcours. An heißen Tagen lockt Abkühlung nach der Radtour im Naturschwimmbad in Coppenbrügge.*

442
Gelbbach
Dörpe
Coppenbrügger Bach
L 422
L 423
K 8
Coppenbrügge
P
1
8
1
1
6
7
Postweg
Aue
1
Bessinger Straße
Marienau
3
2
Hellweg
Bessingen
K 65
5
K 15
Naturwald
Saubrink/
Oberberg
K 14
L 455
4
Lauensteiner
Kopf
Bisperode
K 16
L 588
L 425
Remte
Lauenstein
Salzhemmendorfer Straße
Salzhemmendorf
L 425
Haus
Harderode
L 425
L 588

Alles auf einen Blick

WIE & WANN:
Unterwegs ist man auf asphaltierten oder geschotterten Fahrradwegen, auch kurze Strecken auf Nebenstraßen. Beste Zeit: von Frühjahr bis Herbst.

HIN & WEG:
Auto: Parkplatz an der Burg Coppenbrügge, Schloßstraße 1, 31863 Coppenbrügge (GPS: 52.118946, 9.546839)
ÖPNV: RB 77 aus Löhne, Hildesheim bis Bf. Coppenbrügge

ESSEN & ENTSPANNEN:
Restaurant Felsenkeller ❼ Felsenkeller 11, 31863 Coppenbrügge, Tel. (0 51 56) 78 56 16, www.felsenkeller-coppenbruegge.de
Burgcafé Coppenbrügge ❽ im Burghof, Schloßstraße 1, 31863 Coppenbrügge, www.burgcafe-coppenbrügge.de

ENTDECKEN & ERLEBEN:
Burg Coppenbrügge ❶ Schloßstraße 1, 31863 Coppenbrügge
Krankenhaus Lindenbrunn ❷ Am Lindenbrunn 1, 31863 Coppenbrügge
St.-Marien-Kapelle und Klostergarten ❸ Kapellenweg 2, 31863 Coppenbrügge
Rittergut Bisperode ❹ Försterbrink 1, 31863 Coppenbrügge
Schwefelquelle Bessingen ❺ 31863 Coppenbrügge
Aussichtspunkt ❻

Entspannung ★★★★☆
Genuss ★★★☆☆
Romantik ★★★★☆

Für Jörg, der mit seinem technischen Know-how ganz wesentlich zum Gelingen des Buches beitrug

Die GPS-Daten zu jeder Tour gibt es auf www.droste-verlag.de

© 2023 Droste Verlag GmbH, Düsseldorf

Konzeption/Satz: Droste Verlag, Düsseldorf
Einbandgestaltung: Britta Rungwerth, Düsseldorf, unter Verwendung von Bildern von © Fotolia.com: Andrey Kuzmin, undrey, dabost, niroworld; © www.stock.adobe.com: Frank
Fotos: Elke Homburg, außer: GeorgDerReisende, CC BY-SA 4.0 (https://commons.wikimedia.org/w/index.php?curid=71078668): S. 102/103; www.stock.adobe.com: S. 3 (R.-Andreas Klein), S. 4/5 (Joppi), S. 8 (fotobeam), S. 9 (fotobeam), S. 14 (eDiBella), S. 17 (artfocus), S. 23 (Martina Berg), S. 33 (Sina Ettmer), S. 73 (teddiviscious), S. 92 (Prieshof PixEL), S. 140 (travelpeter), S. 158 (holger.l.berlin), S. 171 (R.-Andreas Klein), S. 179 (Janet Worg)
Karten: Thorsten David, Bochum
Textlektorat: Ute König, Kitzingen
Druck und Bindung: LUC GmbH, Greven

Alle Angaben in diesem Buch wurden sorgfältig recherchiert und geprüft. Für die Richtigkeit der Angaben, für etwaige Unfälle und Schäden jeglicher Art kann keine Haftung übernommen werden; die Nutzung erfolgt auf eigenes Risiko. Abweichungen, die nach Redaktionsschluss erfolgten, konnten im Buch nicht mehr berücksichtigt werden. Hinweise und Änderungen nehmen wir gern entgegen.

FSC www.fsc.org
MIX
Papier aus verantwortungsvollen Quellen
FSC® C011279

ISBN 978-3-7700-2358-5
www.droste-verlag.de